Rotraut Susanne Berner

DAS GROSSE WIMMEL-LIEDERBUCH

für alle Jahreszeiten

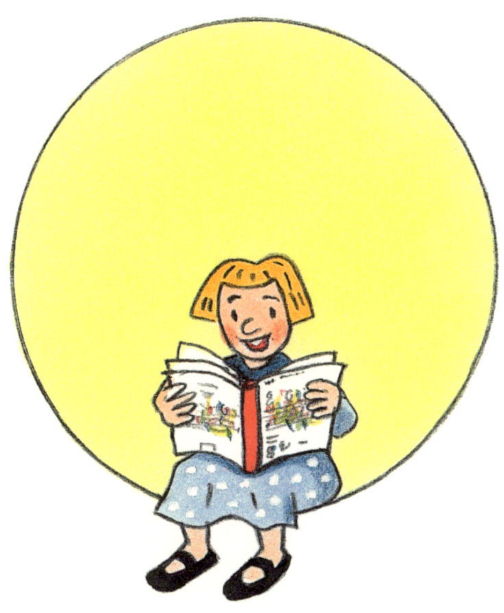

Mit Musik von
Wolfgang von Henko und
Texten von Ebi Naumann

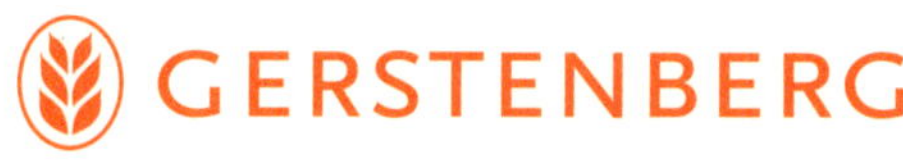

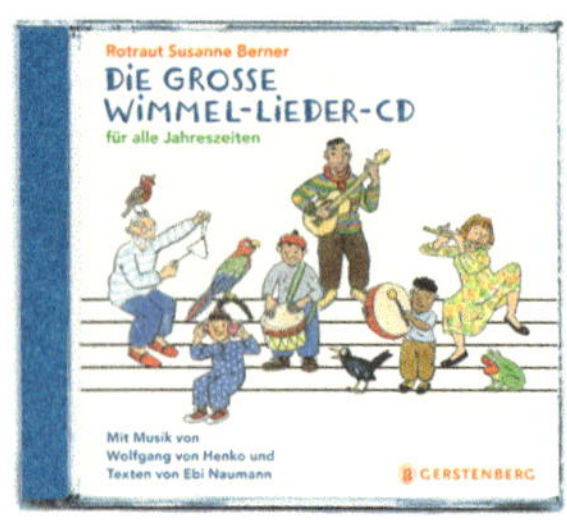

425 09159 3104 3
Die CD zum Hören und Mitsingen ist ebenfalls im Gerstenberg Verlag erschienen.

Mehr über Wimmlingen und seine Bewohner finden Sie unter **www.wimmlingen.de**

1. Auflage 2016

Illustrationen: Rotraut Susanne Berner
Musik: Wolfgang von Henko
Texte: Ebi Naumann
Notenredaktion, -satz und musikalische Fachberatung: Dipl.-Mus.-Päd. Kristina Filthaut

Druck und Bindung: Livonia, Riga
Printed in Latvia

www.gerstenberg-verlag.de

ISBN 978-3-8369-5923-0

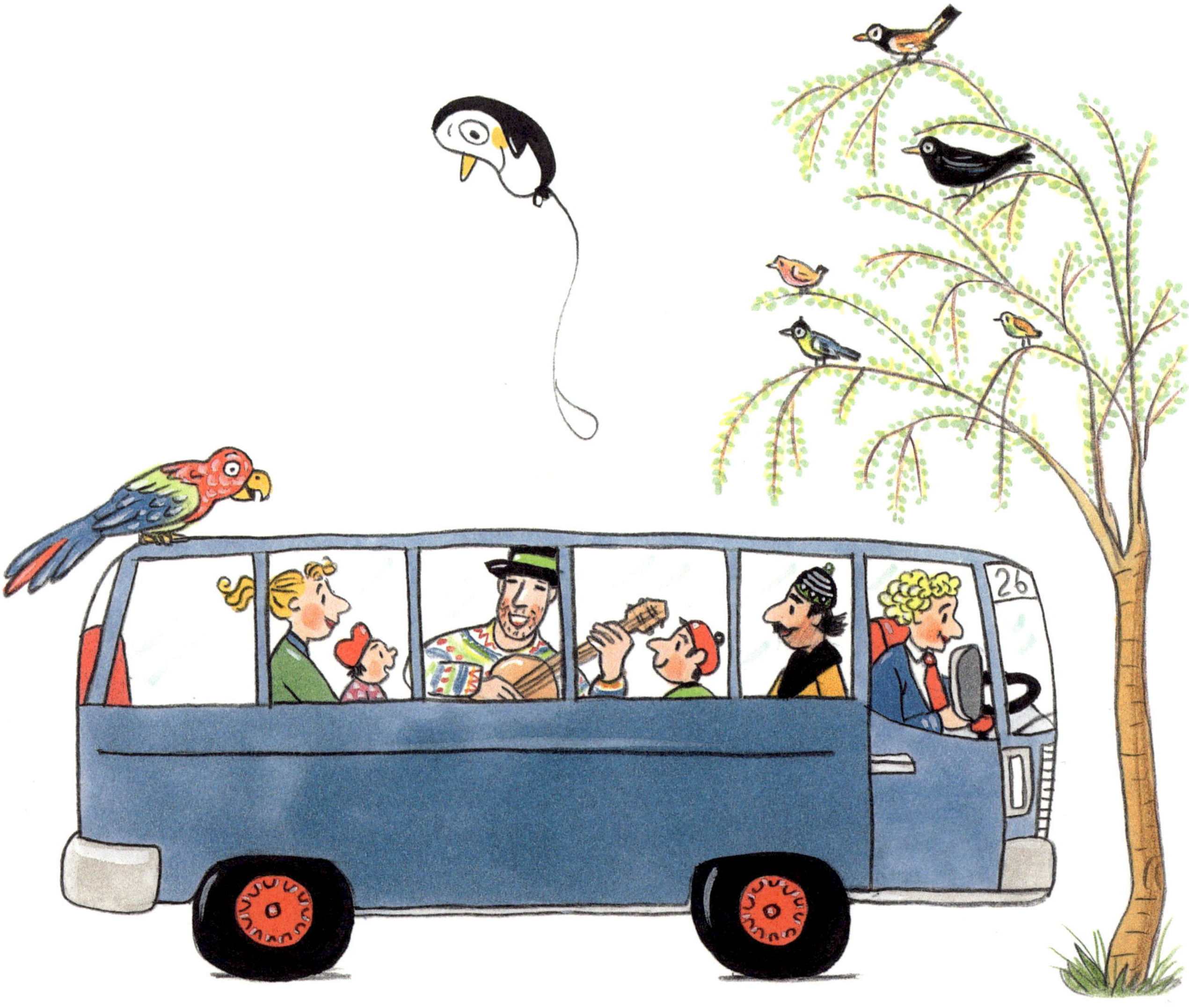

Inhalt

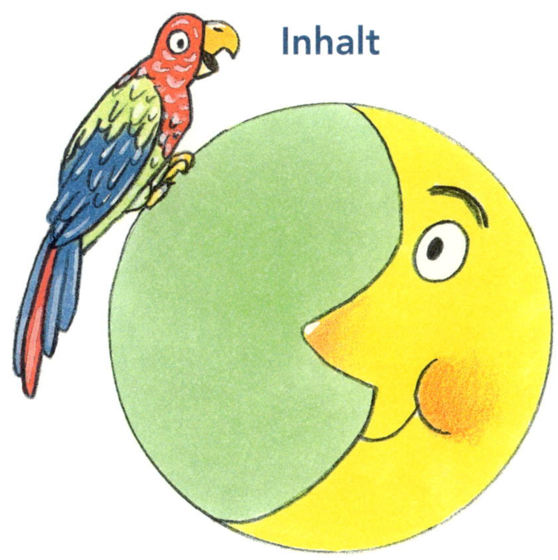

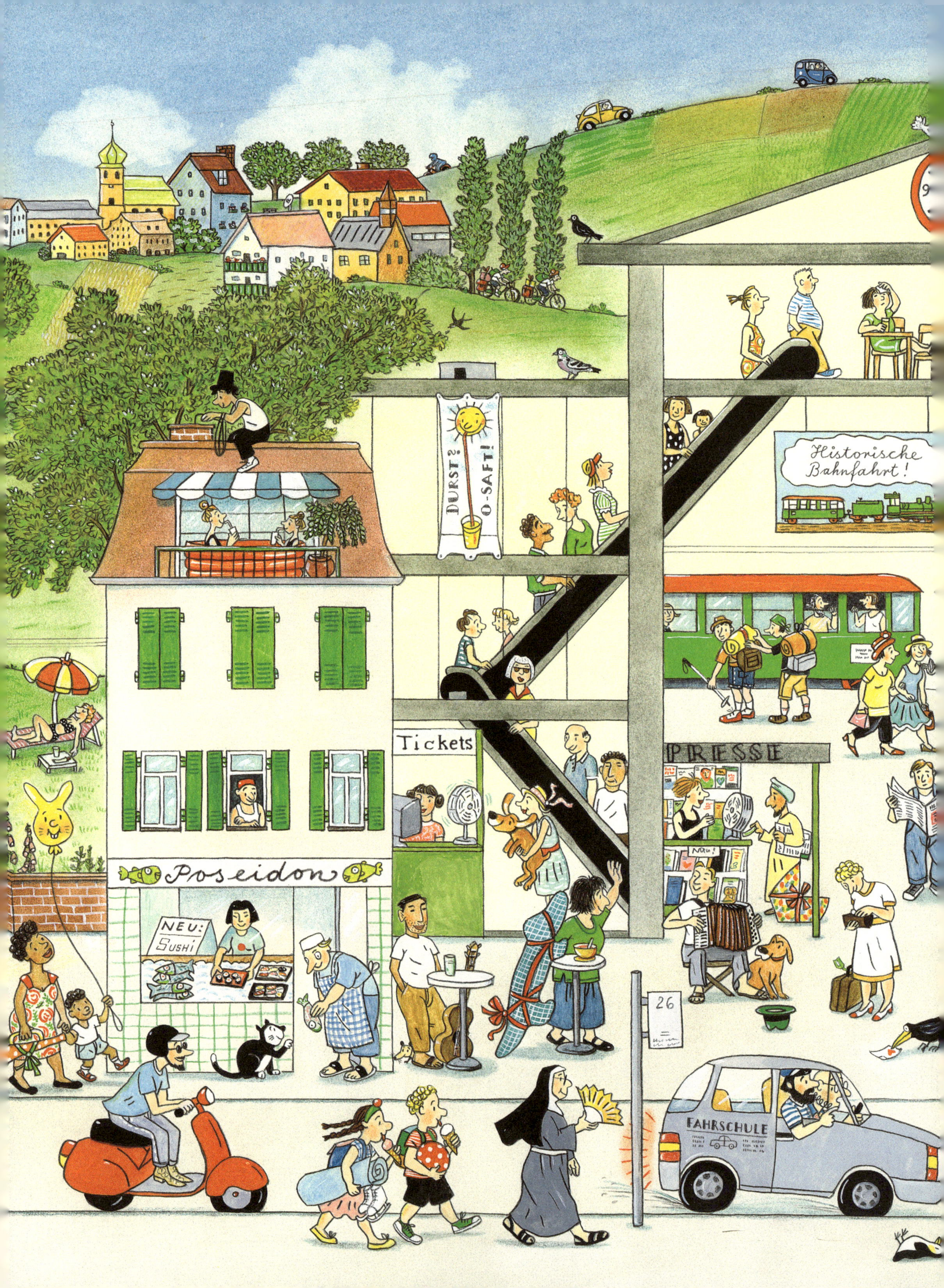
DURST? O-SAFT!
Historische Bahnfahrt!
Tickets
PRESSE
Poseidon
NEU: Sushi
26
FAHRSCHULE

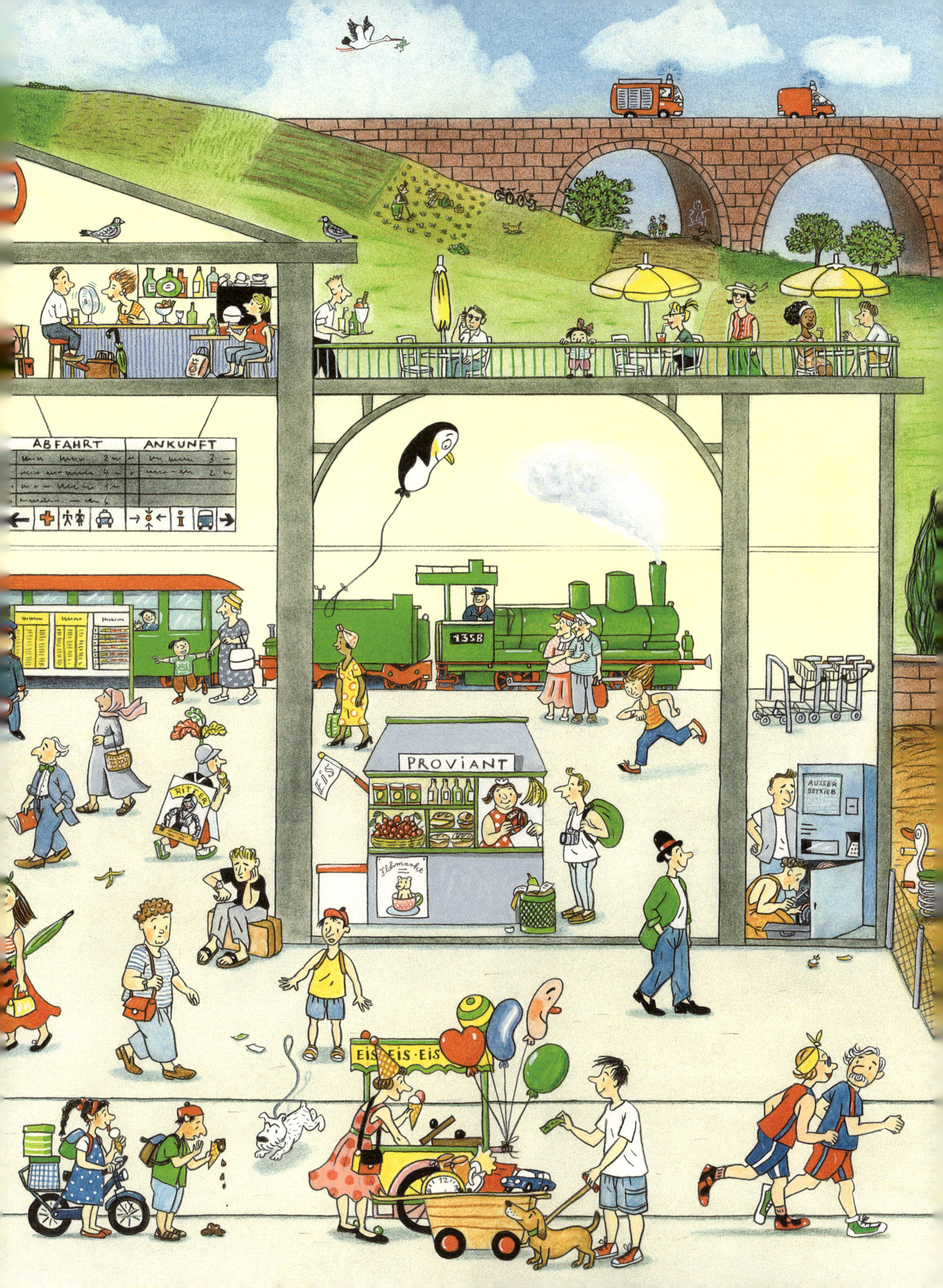
ABFAHRT
ANKUNFT
1358
PROVIANT
EIS
RITTER
AUSSER BETRIEB
EIS · EIS · EIS

Wunderschöne Stadt

Musik: Wolfgang von Henko
Text: Ebi Naumann

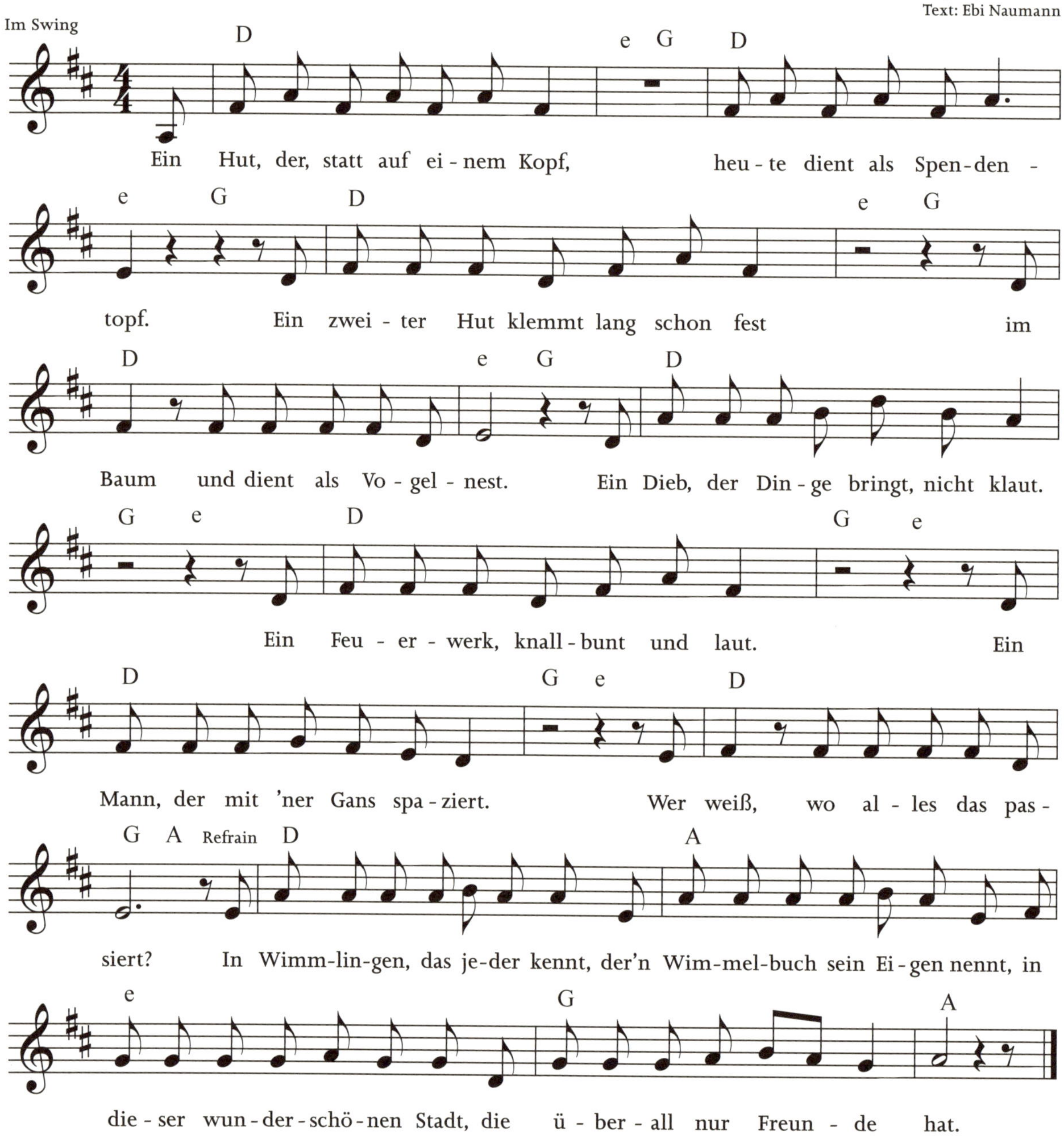

Im Swing

D e G D
Ein Hut, der, statt auf ei - nem Kopf, heu - te dient als Spen - den -

e G D e G
topf. Ein zwei - ter Hut klemmt lang schon fest im

D e G D
Baum und dient als Vo - gel - nest. Ein Dieb, der Din - ge bringt, nicht klaut.

G e D G e
Ein Feu - er - werk, knall - bunt und laut. Ein

D G e D
Mann, der mit 'ner Gans spa - ziert. Wer weiß, wo al - les das pas -

G A Refrain D A
siert? In Wimm-lin-gen, das je-der kennt, der'n Wim-mel-buch sein Ei - gen nennt, in

e G A
die - ser wun - der - schö - nen Stadt, die ü - ber - all nur Freun - de hat.

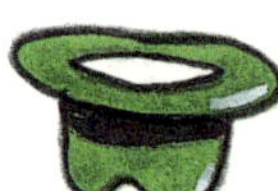

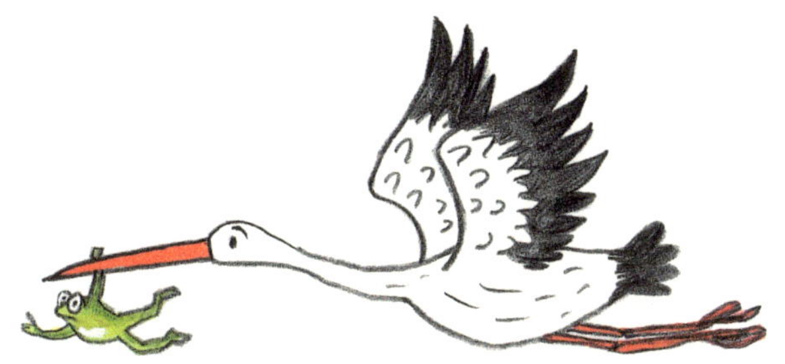

Ein Hut, der, statt auf einem Kopf,
heute dient als Spendentopf.
Ein zweiter Hut klemmt lang schon fest
im Baum und dient als Vogelnest.

Ein Dieb, der Dinge bringt, nicht klaut.
Ein Feuerwerk, knallbunt und laut.
Ein Mann, der mit 'ner Gans spaziert.
Wer weiß, wo alles das passiert?

Refrain
In Wimmlingen, das jeder kennt,
der'n Wimmelbuch sein Eigen nennt,
in dieser wunderschönen Stadt,
die überall nur Freunde hat.

Ein Inder, der für immer bleibt,
und Pedro, der dort Liedchen schreibt.
Ein großer Park mit Teich und Zoo
und viel mehr Raum als anderswo.

Wo Thomas in der Dusche singt
und, weil das durch die Decke dringt,
Andrea die Geduld verliert.
Wer weiß, wo alles das passiert?

Refrain

Ein Kindergarten mit drei Klos,
Pakete, klein und riesengroß.
Ein Frosch, der durch die Lüfte fliegt,
Friedrich, der um die Ecke biegt.

Ein Hund, der zum Akkordeon singt,
ein zweiter, der es fertigbringt,
dass Linus fast sein Eis verliert.
Wer weiß, wo alles das passiert?

Refrain

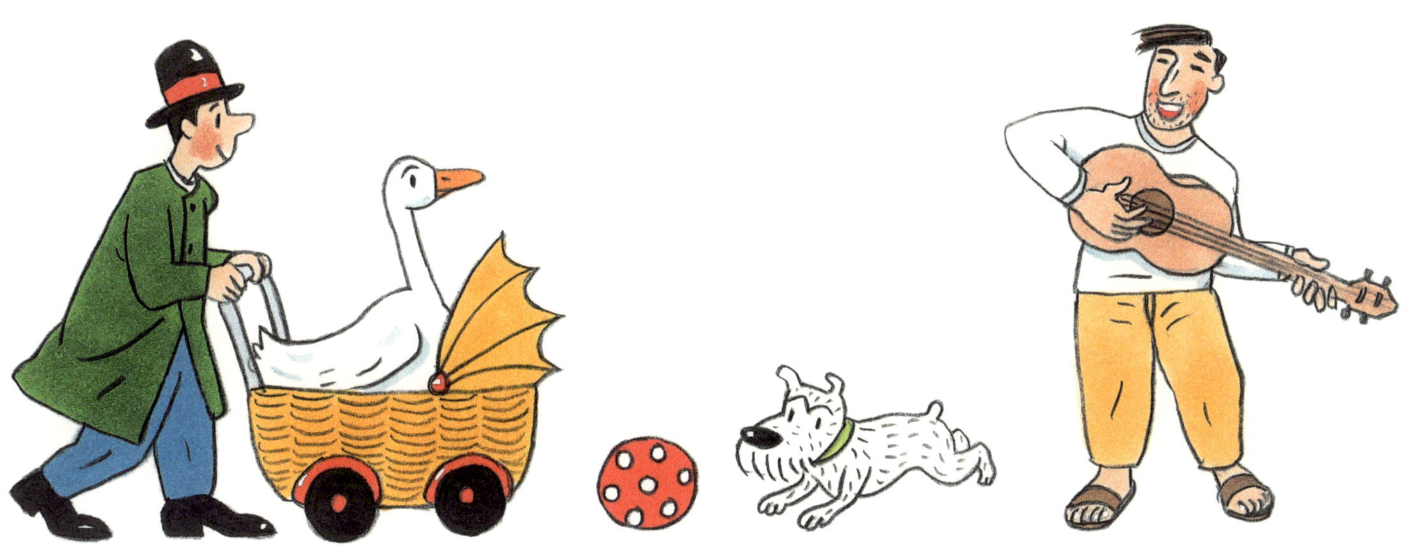

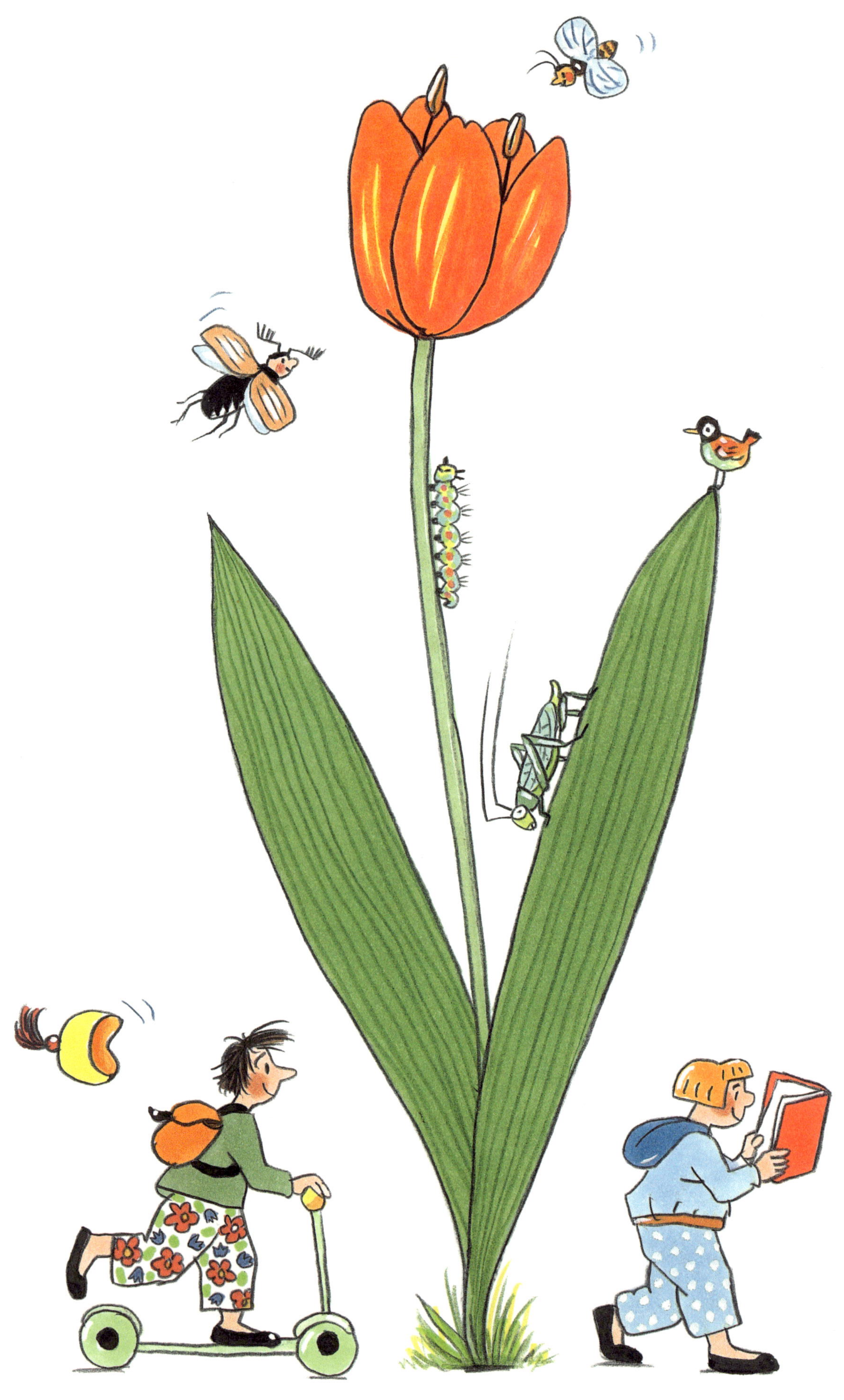

Frühling

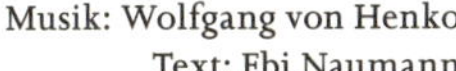

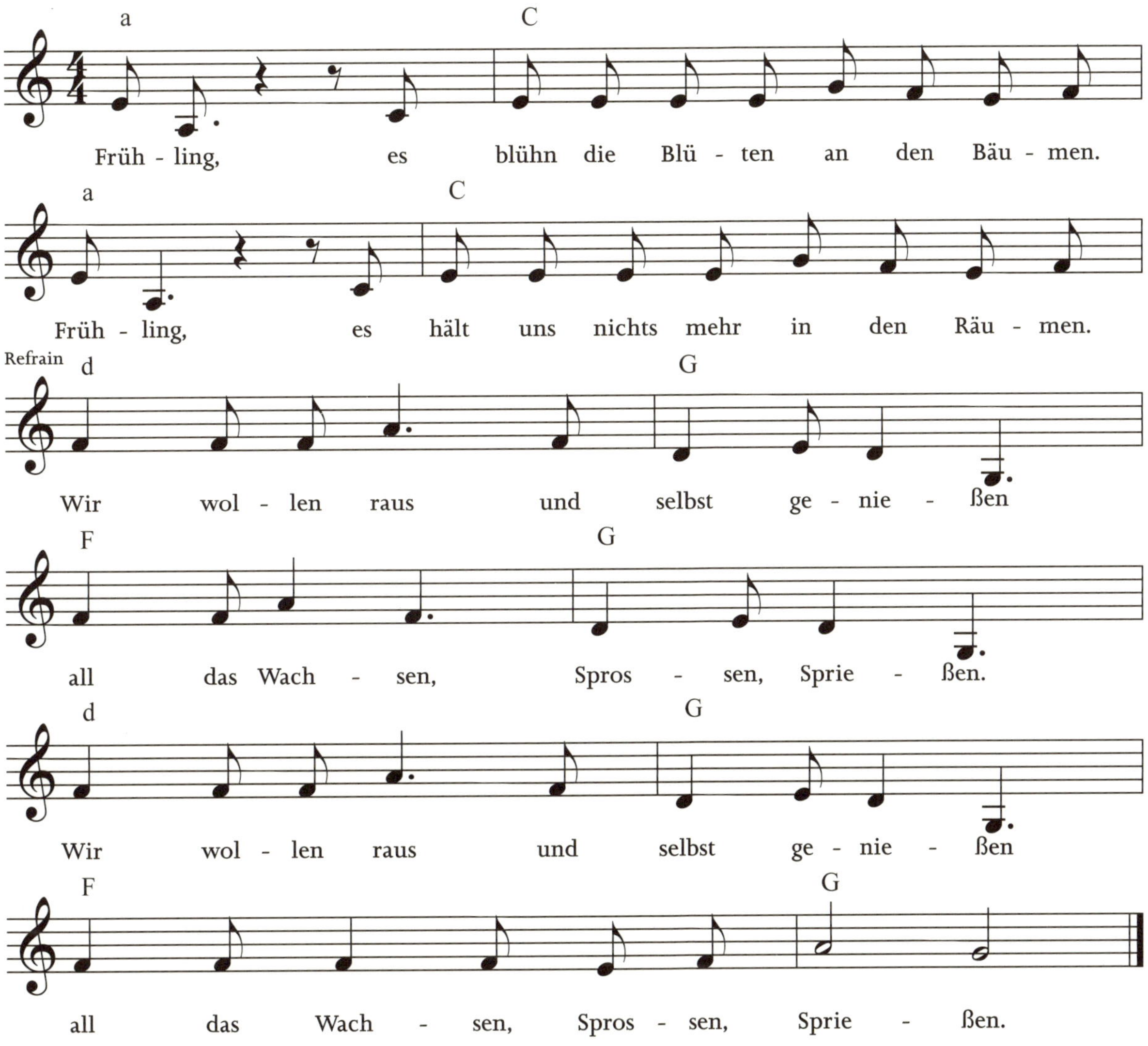

a C
Früh - ling, es blühn die Blü - ten an den Bäu - men.

a C
Früh - ling, es hält uns nichts mehr in den Räu - men.

Refrain
d G
Wir wol - len raus und selbst ge - nie - ßen

F G
all das Wach - sen, Spros - sen, Sprie - ßen.

d G
Wir wol - len raus und selbst ge - nie - ßen

F G
all das Wach - sen, Spros - sen, Sprie - ßen.

Frühling,
es blühn die Blüten an den Bäumen.
Frühling,
es hält uns nichts mehr in den Räumen.

Refrain
Wir wollen raus und selbst genießen
all das Wachsen, Sprossen, Sprießen.
Wir wollen raus und selbst genießen
all das Wachsen, Sprossen, Sprießen.

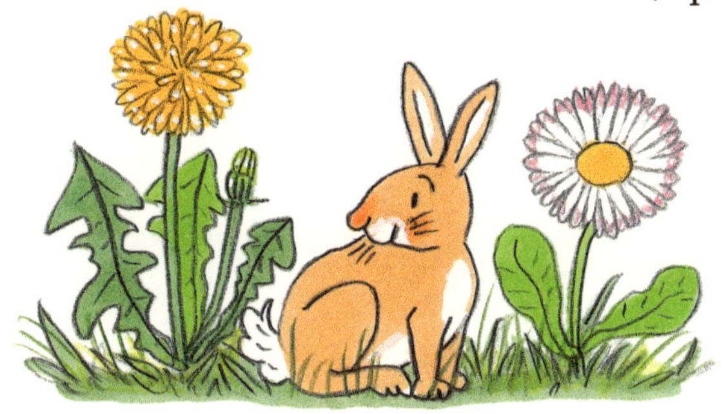

Frühling,
Schluss ist nun endlich mit dem Frieren.
Frühling,
reißt auf die Fenster und die Türen!

Refrain

Frühling,
die Luft ist mild und voller Düfte.
Frühling,
ein Star erhebt sich in die Lüfte.

Refrain

Frühling,
die Stadt selbst, über der wir schweben,
Frühling,
blüht und erwacht zu neuem Leben.

Refrain

Aaah, la primavera in Wimmlingen!
(Das ist Spanisch und bedeutet: Aaah, der Frühling in Wimmlingen!)

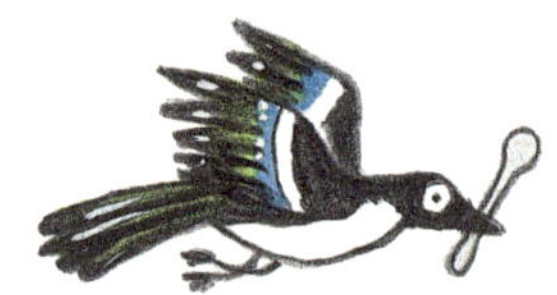

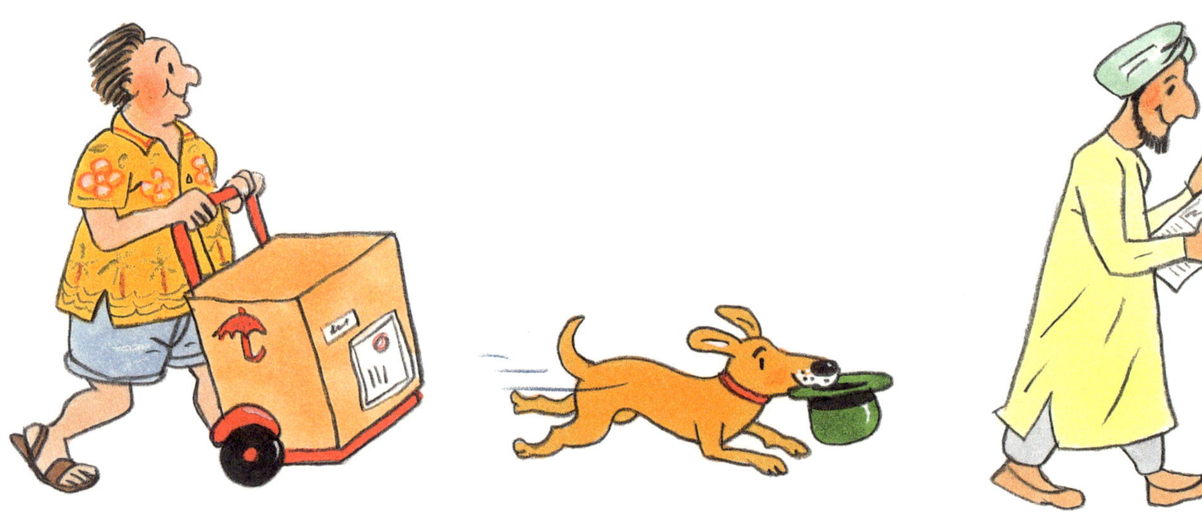

Pedro aus Peru

Musik: Wolfgang von Henko
Text: Ebi Naumann

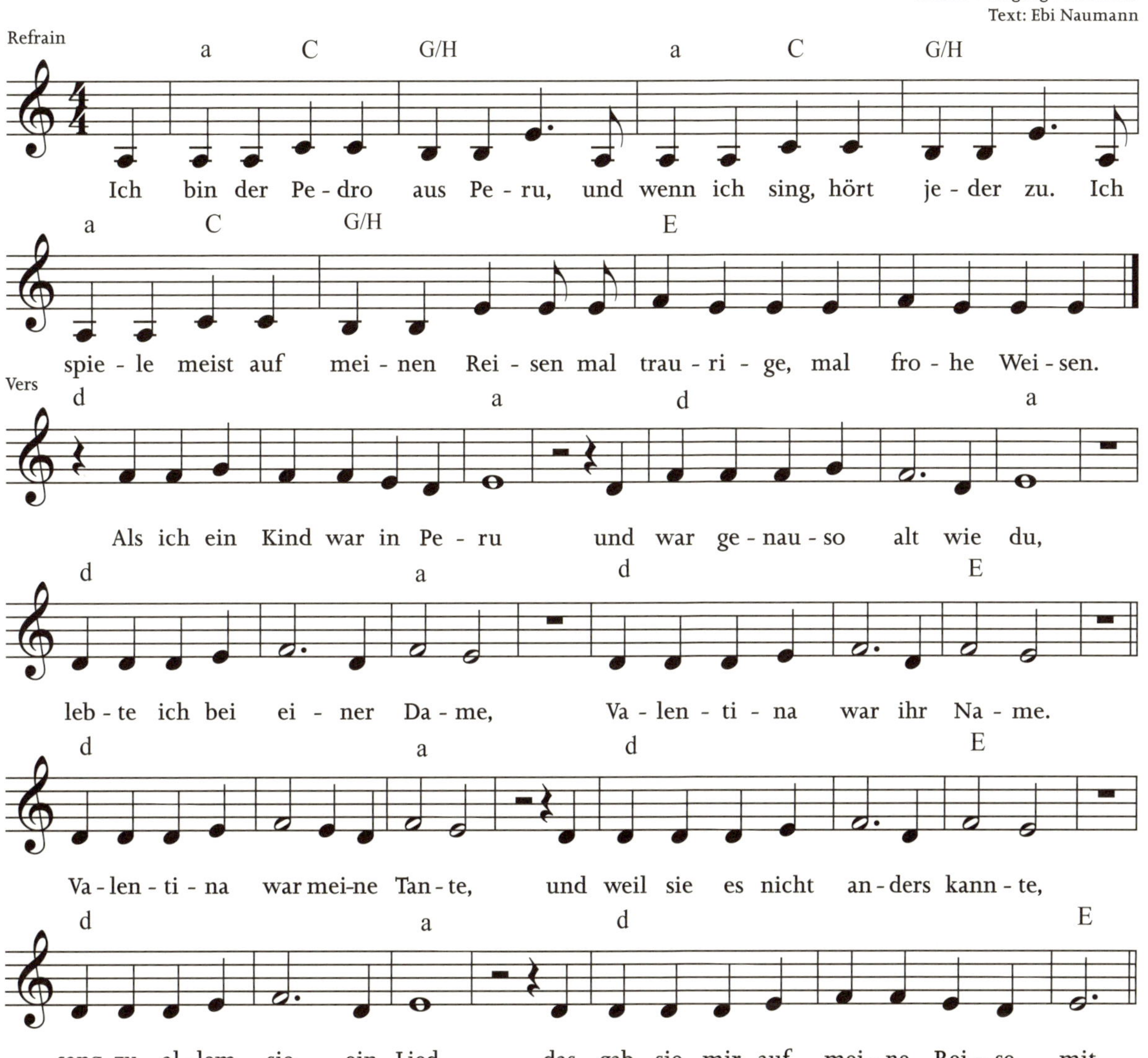

Refrain
Ich bin der Pedro aus Peru,
und wenn ich sing, hört jeder zu.
Ich spiele meist auf meinen Reisen
mal traurige, mal frohe Weisen.

Als ich ein Kind war in Peru
und war genauso alt wie du,
lebte ich bei einer Dame,
Valentina war ihr Name.

Refrain
Ich bin der Pedro aus Peru,
und wenn ich sing, hört jeder zu.
Und wenn, wie heut, zur Stadt ich muss,
dann spiel ich manchmal auch im Bus.

Valentina war meine Tante,
und weil sie es nicht anders kannte,
sang zu allem sie ein Lied,
das gab sie mir auf meine Reise mit.

Refrain
Das ist der Pedro aus Peru,
und wenn er singt, hört jeder zu.
Er spielt meist auf seinen Reisen
traurige und frohe Weisen.

Saurier, wo kommst du her?

Musik: Wolfgang von Henko
Text: Ebi Naumann

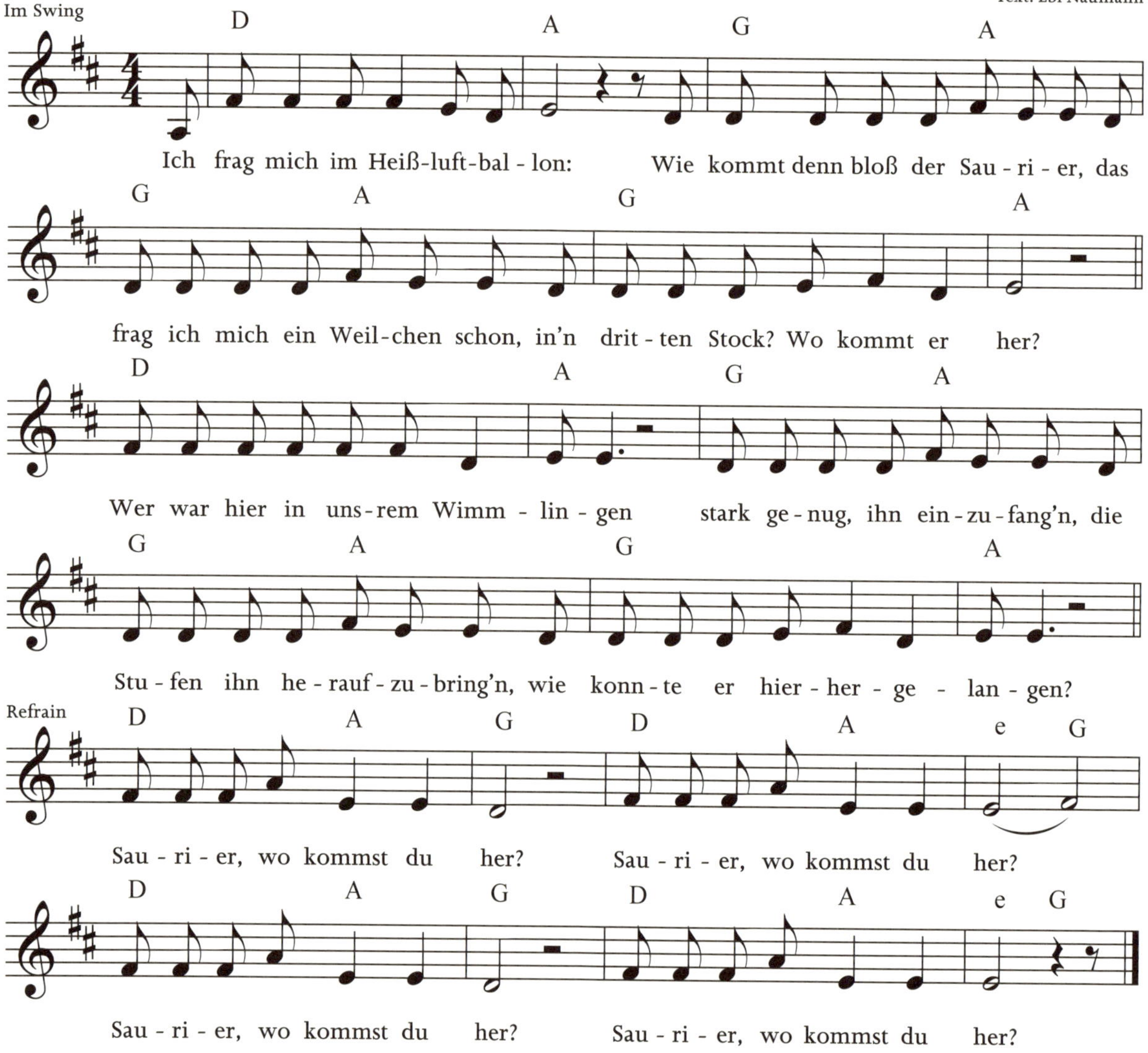

Im Swing

D A G A
Ich frag mich im Heiß-luft-bal - lon: Wie kommt denn bloß der Sau - ri - er, das

G A G A
frag ich mich ein Weil-chen schon, in'n drit - ten Stock? Wo kommt er her?

D A G A
Wer war hier in uns-rem Wimm - lin - gen stark ge - nug, ihn ein - zu - fang'n, die

G A G A
Stu - fen ihn he - rauf - zu - bring'n, wie konn - te er hier - her - ge - lan - gen?

Refrain

D A G D A e G
Sau - ri - er, wo kommst du her? Sau - ri - er, wo kommst du her?

D A G D A e G
Sau - ri - er, wo kommst du her? Sau - ri - er, wo kommst du her?

Ich frag mich im Heißluftballon:
Wie kommt denn bloß der Saurier,
das frag ich mich ein Weilchen schon,
in'n dritten Stock? Wo kommt er her?

Wer war hier in unsrem Wimmlingen
stark genug, ihn einzufang'n,
die Stufen ihn heraufzubring'n,
wie konnte er hierhergelangen?

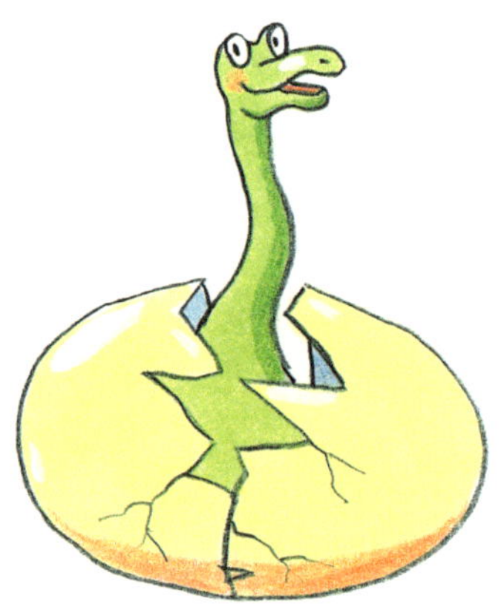

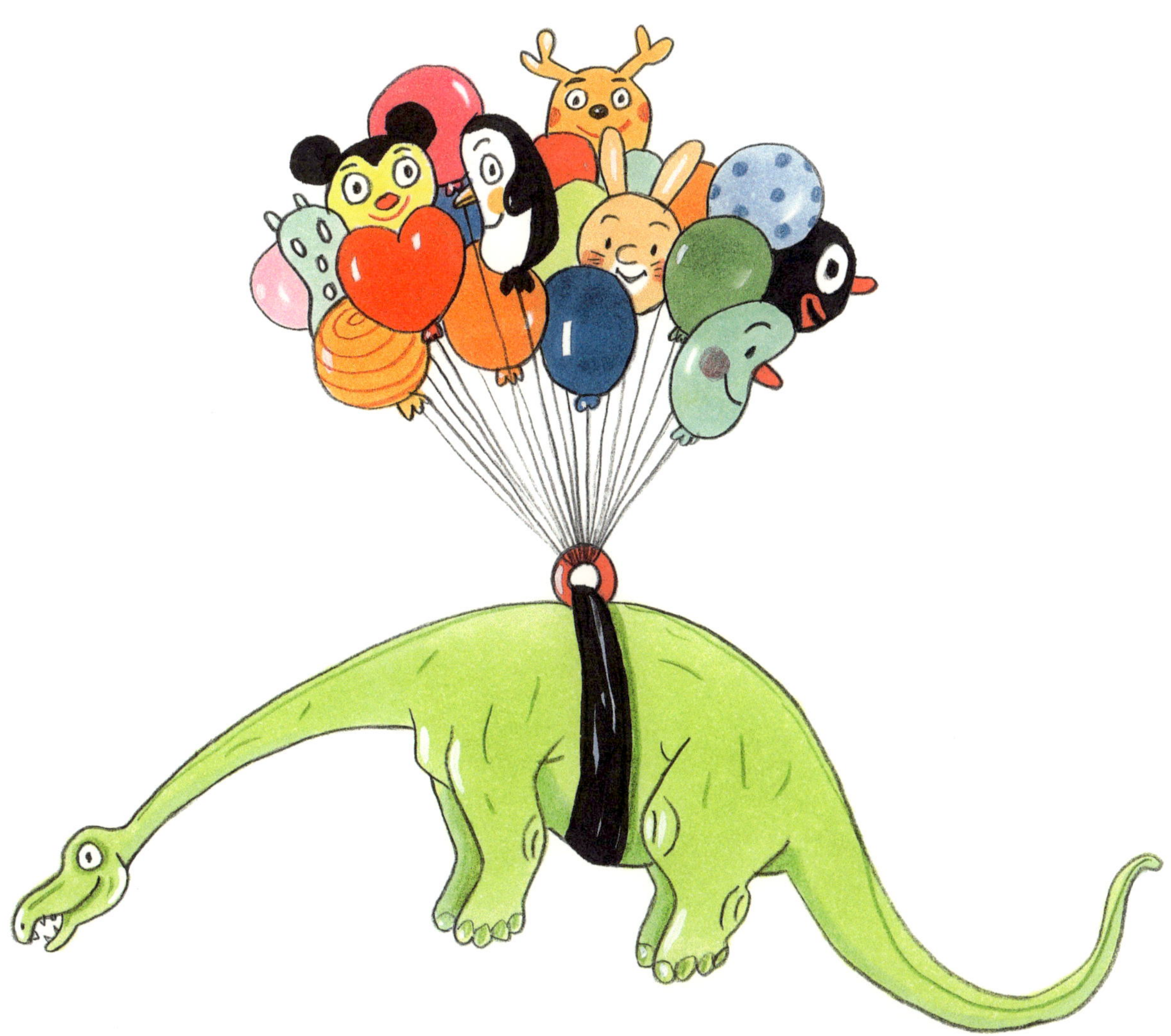

Refrain
Saurier, wo kommst du her?
Saurier, wo kommst du her?
Saurier, wo kommst du her?
Saurier, wo kommst du her?

Und überhaupt, was soll er nun
im dritten Stock hier oben tun?
Die nächsten tausend Jahre stehn
oder im Park spazieren gehn?

Refrain

Soll er sich in der Ecke schämen?
Soll ich ihn mit nach Hause nehmen,
ihn dort unterm Bett verstecken
und, wenn ich einsam bin, ihn wecken?

Refrain

Ihr hört es: Fragen über Fragen.
Doch eigentlich wär ich schon froh,
es könnt mir irgendeiner sagen,
woher kommt dieser Saurier, woher?

Refrain

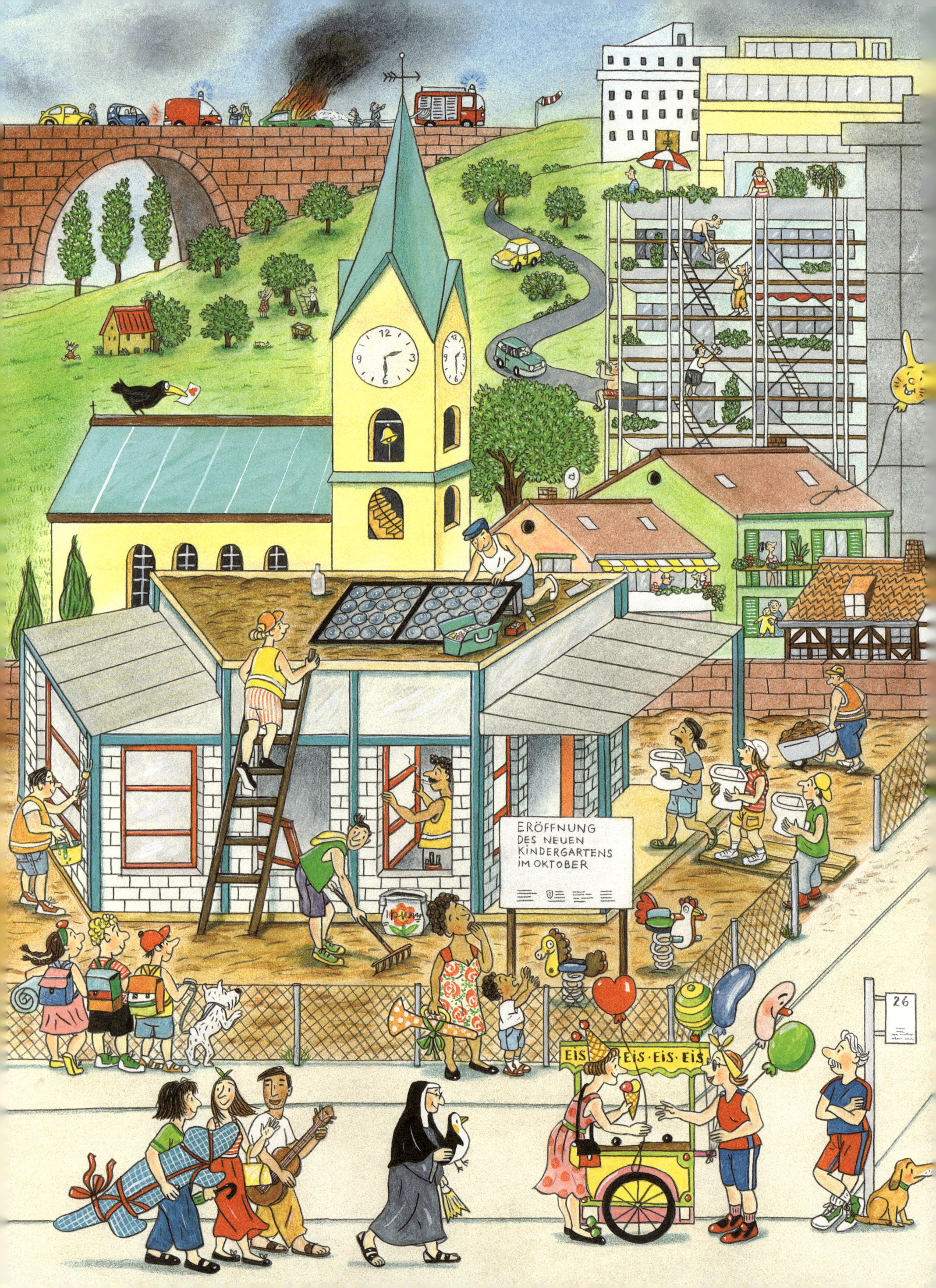
ERÖFFNUNG
DES NEUEN
KINDERGARTENS
IM OKTOBER
EIS · EIS · EIS · EIS
26

Kindergarten

Musik: Wolfgang von Henko
Text: Ebi Naumann

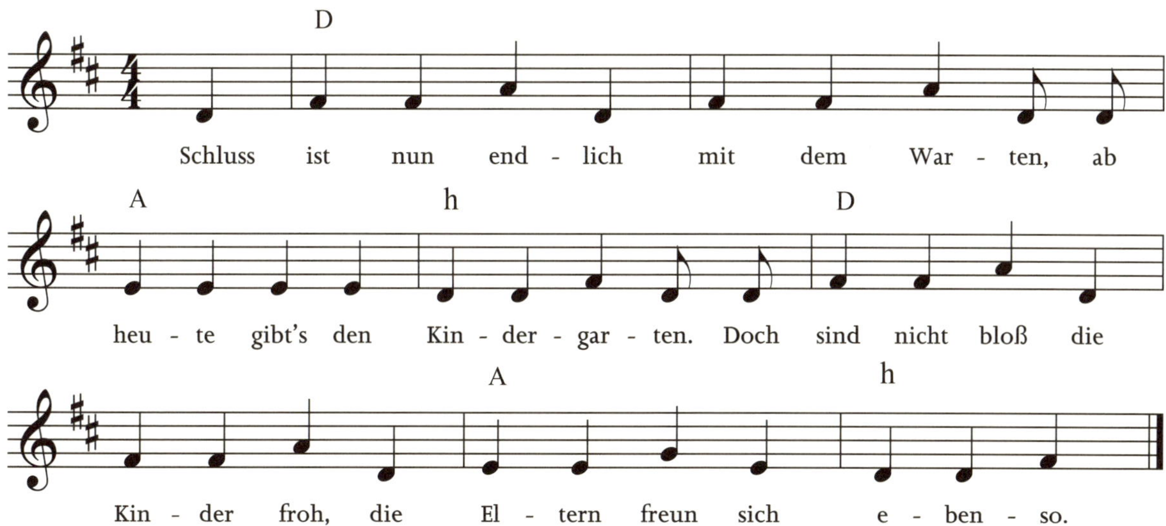

Schluss ist nun endlich mit dem Warten,
ab heute gibt's den Kindergarten.
Doch sind nicht bloß die Kinder froh,
die Eltern freun sich ebenso.

Schluss ist nun endlich mit dem Warten,
ab heute gibt's den Kindergarten.
Bis zum Oktober hat's gedauert,
da wurd gebuddelt und gemauert.

Schluss ist nun endlich mit dem Warten,
ab heute gibt's den Kindergarten.
Ein Garten, in dem Kinder wachsen,
von ziemlich klein zu langen Schlaksen.

Schluss ist nun endlich mit dem Warten,
ab heute gibt's den Kindergarten.
Doch frag ich mich: Was macht man bloß
an diesem Ort mit gleich drei Klos?

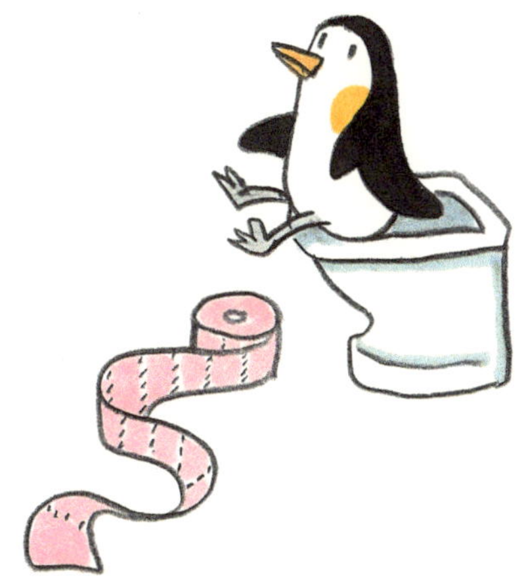

Nicht reich, nicht arm

Musik: Wolfgang von Henko
Text: Ebi Naumann

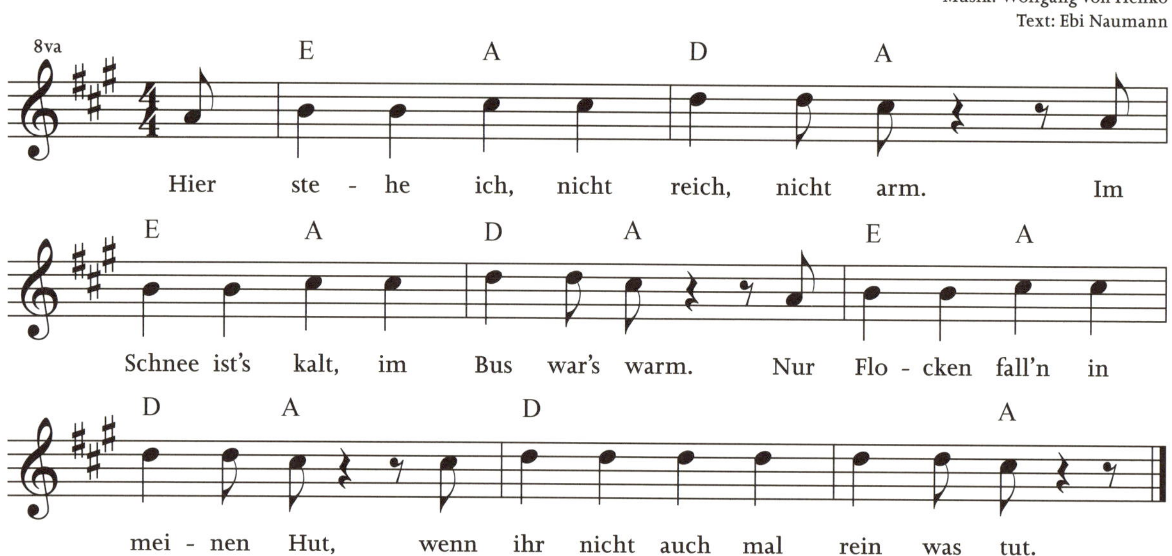

Hier stehe ich, nicht reich, nicht arm.
Im Schnee ist's kalt, im Bus war's warm.
Nur Flocken fall'n in meinen Hut,
wenn ihr nicht auch mal rein was tut.

Ob Münzen, Schein, ob Knopf, ob Bohne –
lasst ihn bitte nicht ganz ohne.
Ich bitt euch, werft etwas hinein,
egal ob's groß ist oder klein!

Und dient er nicht wie jetzt als Topf,
dann sitzt der Hut auf meinem Kopf.
Und seht, auch wenn er sitzt, der Hut,
steht er zugleich – und steht mir gut.

Ich singe gern und ihr hört zu.
Ich hoff, euch freut, was ich hier tu.
Wenn nicht, ihr müsst ja nicht hier stehn
und könnt auch einfach weitergehn.

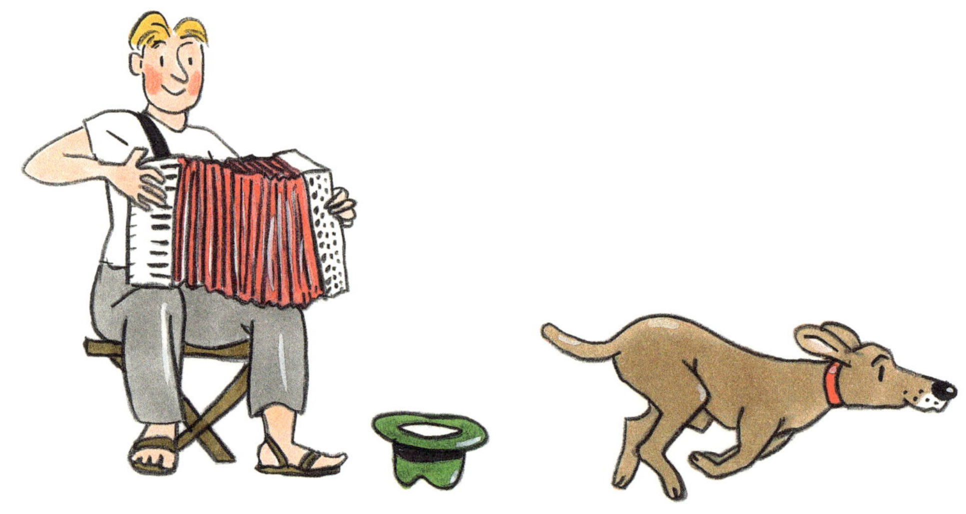

Wimmlinger Sommerlied

Musik: Wolfgang von Henko
Text: Rotraut Susanne Berner,
Ebi Naumann

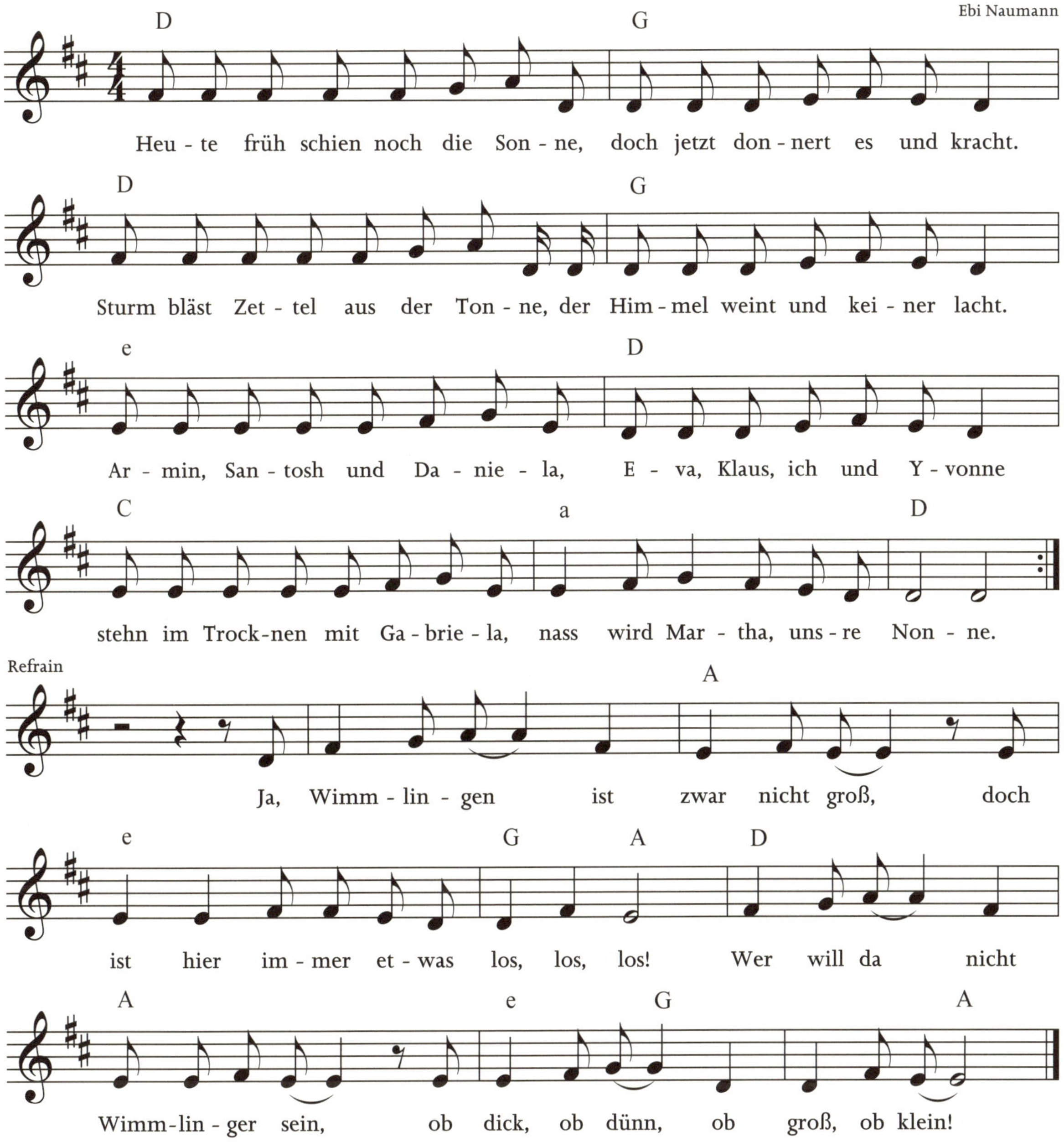

D G
Heu - te früh schien noch die Son - ne, doch jetzt don - nert es und kracht.

D G
Sturm bläst Zet - tel aus der Ton - ne, der Him - mel weint und kei - ner lacht.

e D
Ar - min, San - tosh und Da - nie - la, E - va, Klaus, ich und Y - vonne

C a D
stehn im Trock - nen mit Ga - brie - la, nass wird Mar - tha, uns - re Non - ne.

Refrain

A
Ja, Wimm - lin - gen ist zwar nicht groß, doch

e G A D
ist hier im - mer et - was los, los, los! Wer will da nicht

A e G A
Wimm - lin - ger sein, ob dick, ob dünn, ob groß, ob klein!

Heute früh schien noch die Sonne,
doch jetzt donnert es und kracht.
Sturm bläst Zettel aus der Tonne,
der Himmel weint und keiner lacht.

Armin, Santosh und Daniela,
Eva, Klaus, ich und Yvonne
stehn im Trocknen mit Gabriela,
nass wird Martha, unsre Nonne.

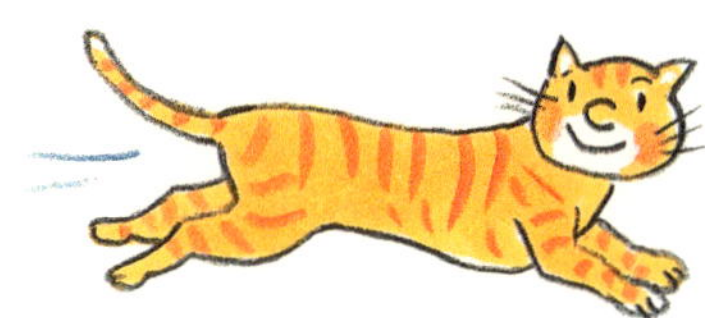

Friedrich fehlt die Kraft zum Tragen,
schleppt zu viel tagaus, tagein.
Darum will er's heute wagen
und macht seinen Führerschein.

Linus freut sich schon seit Tagen,
heut ist Flohmarkt in der Stadt.
Alles ist im Bollerwagen,
was er zu verkaufen hat.

Refrain
Ja, Wimmlingen ist zwar nicht groß,
doch ist hier immer etwas los, los, los!
Wer will da nicht Wimmlinger sein,
ob dick, ob dünn, ob groß, ob klein!

Schirme kippen, Hüte fliegen
und die meisten Leute laufen,
wollen keinen Schnupfen kriegen,
wollen keine Pillen kaufen.

Armin steht und blickt versonnen
in den starken Sommerregen.
Klaus hat Evas Herz gewonnen,
küsst sie und schaut ganz verlegen.

Von der ersten Morgensonne
bis zum letzten Sonnenschimmer
spielt in Wimmlingen Yvonne
auf der Geige, doch nicht immer.

Rund um die Uhr in der Fabrik
oder ackern im Büro?
Da mach ich lieber doch Musik.
Die macht glücklich, macht mich froh!

Refrain

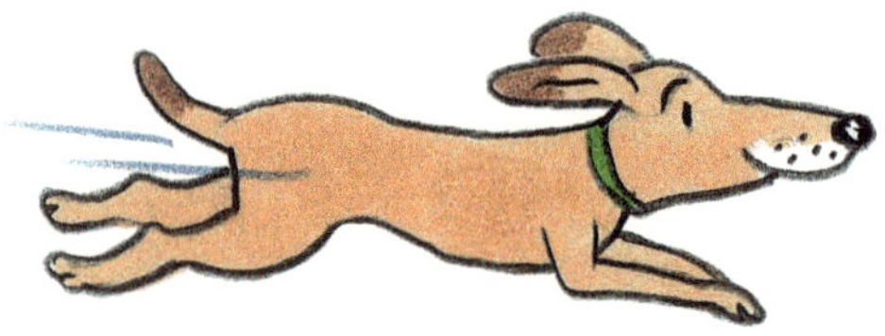

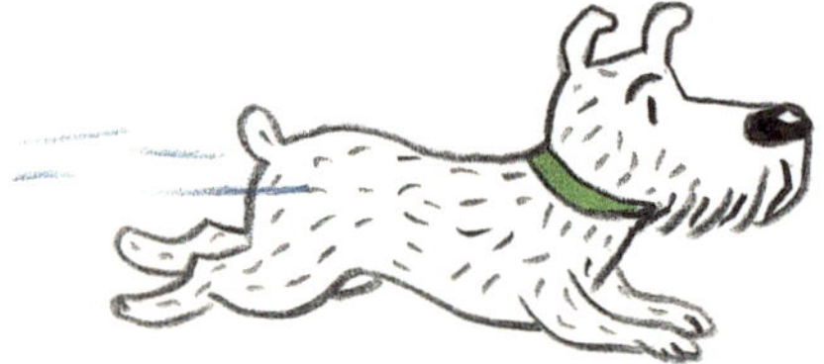

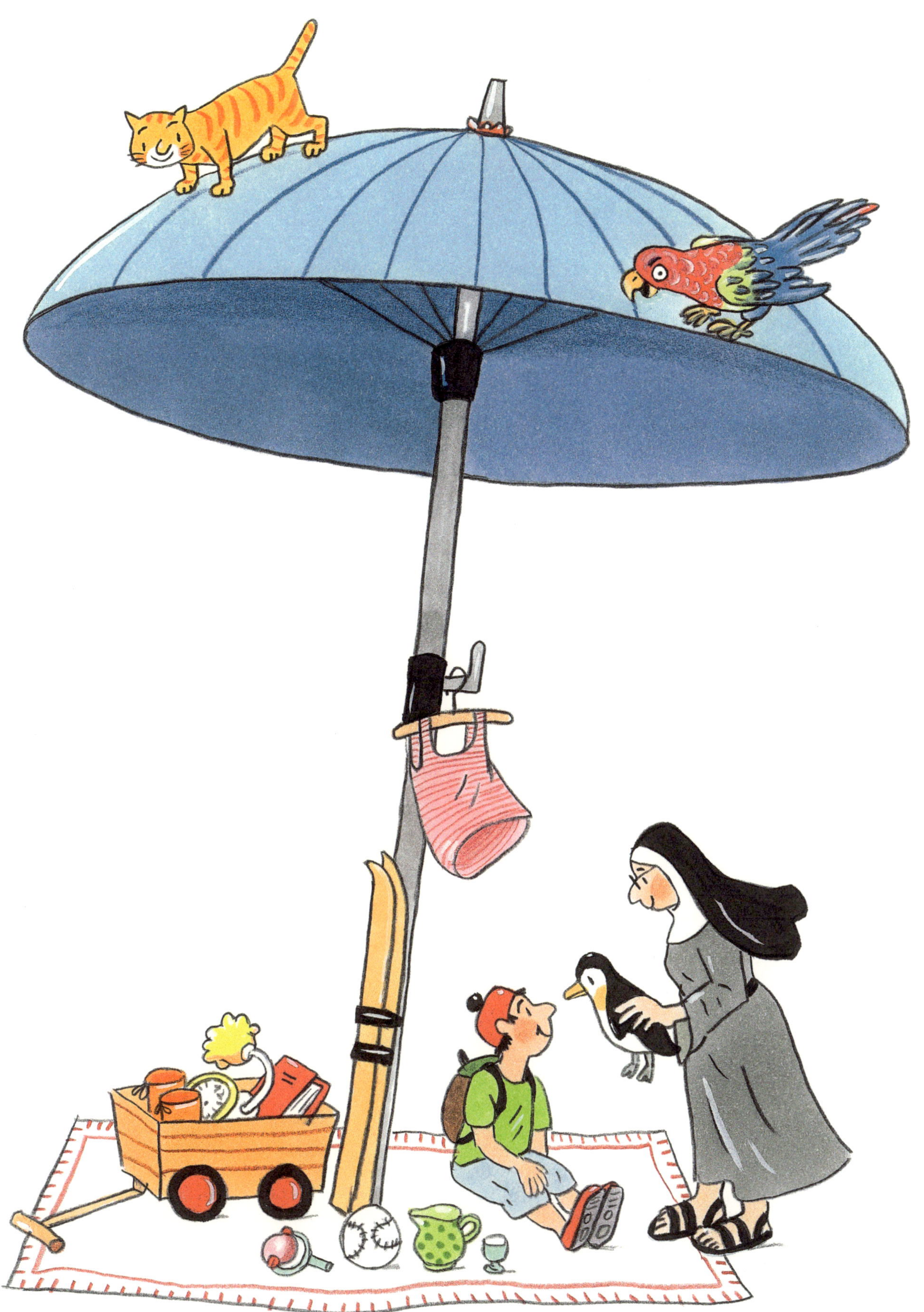

Susanne zum Geburtstag

und auch für alle anderen Geburtstagskinder

Musik: Wolfgang von Henko
Text: Ebi Naumann

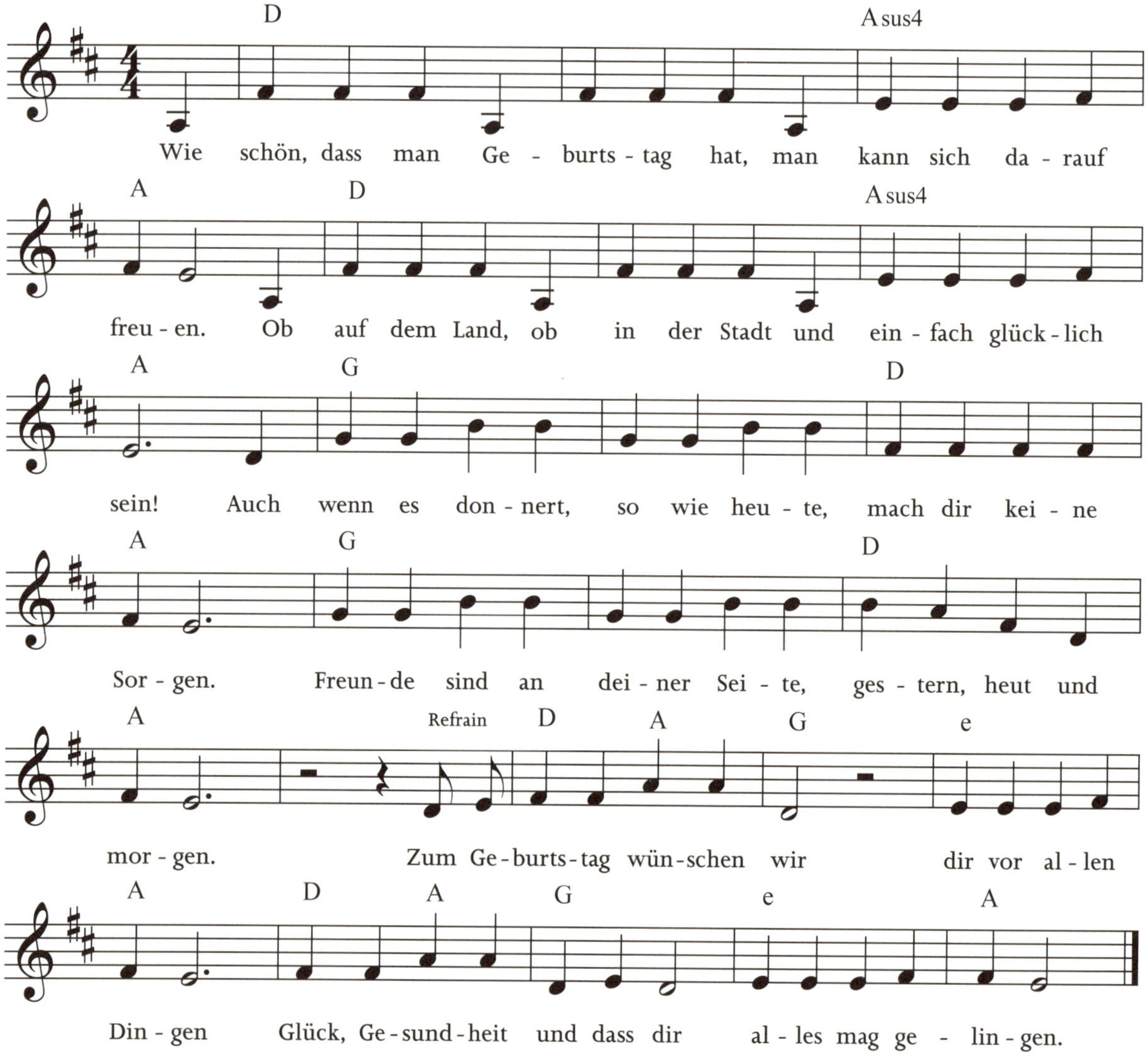

D A sus4
Wie schön, dass man Ge - burts - tag hat, man kann sich da - rauf

A D A sus4
freu - en. Ob auf dem Land, ob in der Stadt und ein - fach glück - lich

A G D
sein! Auch wenn es don - nert, so wie heu - te, mach dir kei - ne

A G D
Sor - gen. Freun - de sind an dei - ner Sei - te, ges - tern, heut und

A Refrain D A G e
mor - gen. Zum Ge - burts - tag wün - schen wir dir vor al - len

A D A G e A
Din - gen Glück, Ge - sund - heit und dass dir al - les mag ge - lin - gen.

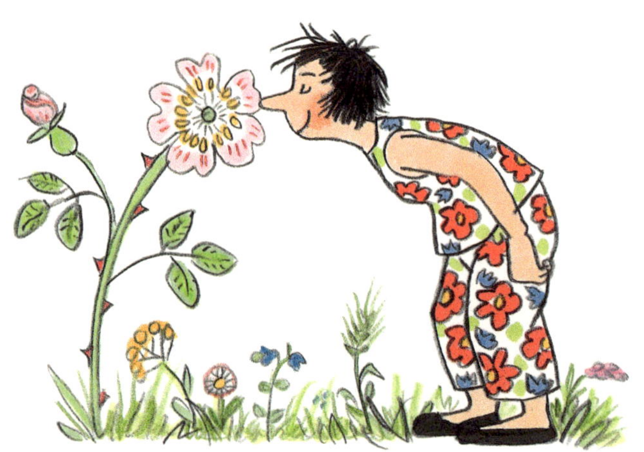

Wie schön, dass man Geburtstag hat,
man kann sich darauf freuen.
Ob auf dem Land, ob in der Stadt
und einfach glücklich sein!

Auch wenn es donnert, so wie heute,
mach dir keine Sorgen.
Freunde sind an deiner Seite,
gestern, heut und morgen.

Refrain
Zum Geburtstag wünschen wir
dir vor allen Dingen
Glück, Gesundheit und dass dir
alles mag gelingen.

Verlier nicht Mütze und nicht Hut
im neuen Lebensjahr.
Hab Kraft wie'n Krokodil und Mut,
dann wird es wunderbar!

Dass du jetzt ein Jahr älter bist,
hast du uns stolz geschrieben.
Und doch – das Allerschönste ist,
dass wir dich alle lieben.

Refrain

Ein Hut, ein Schiff, eine Trompete!
Von Oskar eine Gans.
Komm schnell und öffne die Pakete,
dann spiel ich, ja dann spiel ich auf zum Tanz!

Refrain

¡Susanne, bailemos juntos!
*(Das ist Spanisch und bedeutet: Susanne,
lass uns zusammen tanzen!)*

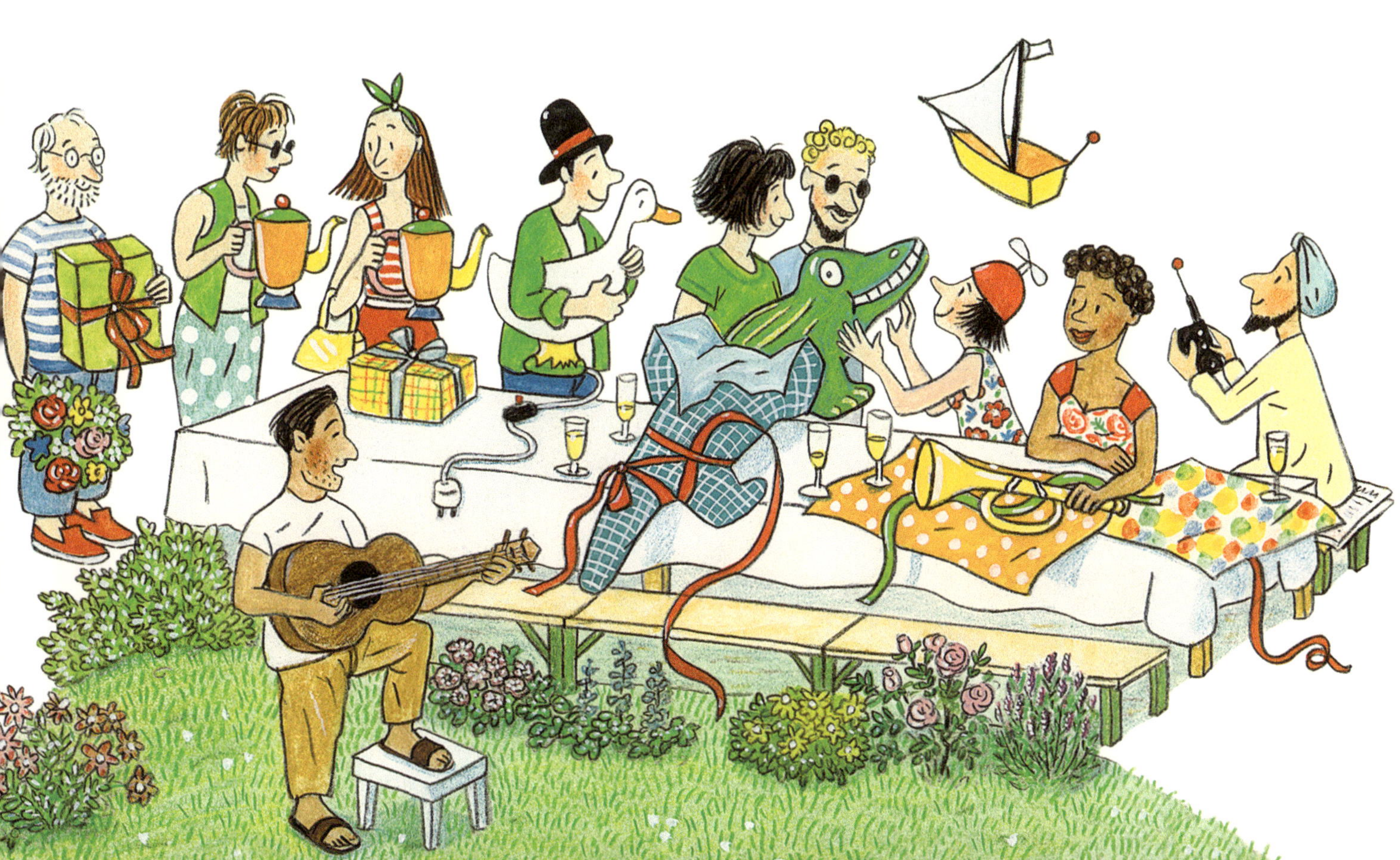

Sommer heißt, im Bad zu spaddeln

Musik: Wolfgang von Henko
Text: Ebi Naumann

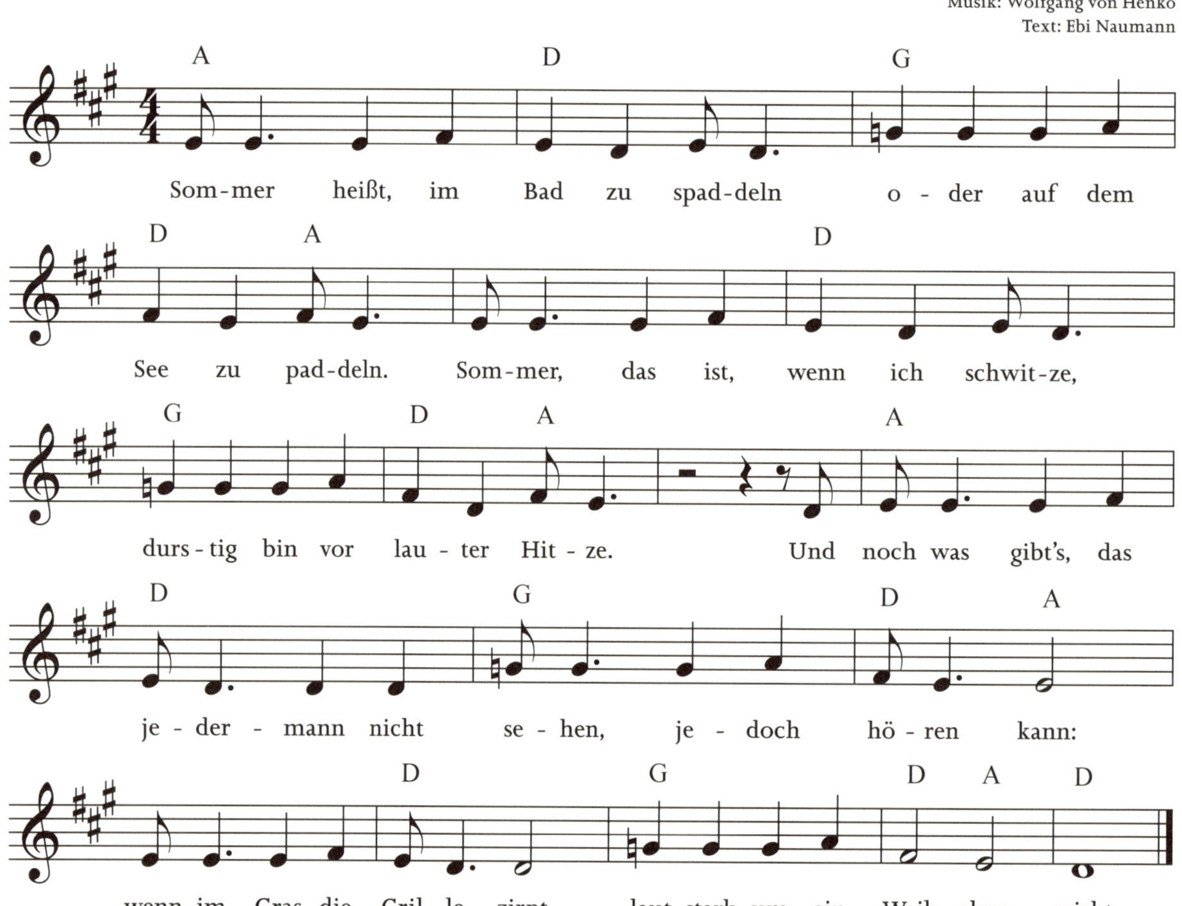

Sommer heißt, im Bad zu spaddeln
oder auf dem See zu paddeln.
Sommer, das ist, wenn ich schwitze,
durstig bin vor lauter Hitze.

Und noch was gibt's, das jedermann
nicht sehen, jedoch hören kann:
wenn im Gras die Grille zirpt,
lautstark um ein Weibchen wirbt.

Sommer ist die Zeit zum Träumen
unterm Himmel, nicht in Räumen.
Sommer, das heißt große Ferien,
draußen spiel'n statt Fernsehserien.

Und noch was gibt's, das jedermann
bloß sehen, doch nicht hören kann:
wenn des Nachts aus jedem Haus
ins Freie fliegt die Fledermaus.

Sommer heißt, die Zeit vergessen,
nach einem Eis gleich noch eins essen.
Sommer heißt, im Gras zu liegen
und manchmal Sonnenbrand zu kriegen.

Und noch was gibt's, das jedermann
nicht sehn, nicht hörn, bloß ahnen kann:
wenn über uns wir Sterne sehn,
wie lange diese schon bestehn.

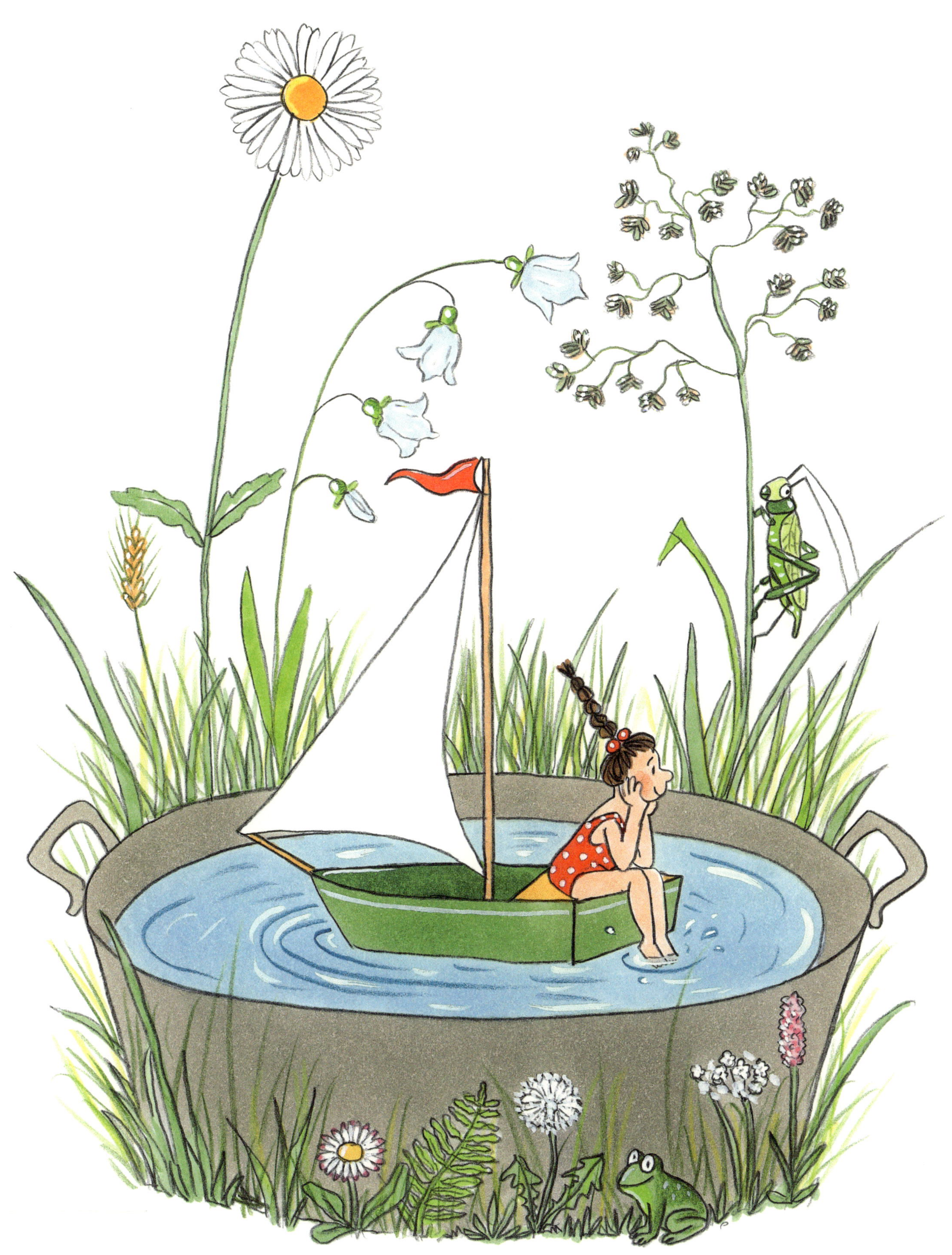

In Wimmlingen wird heut getanzt

Musik: Wolfgang von Henko
Text: Ebi Naumann

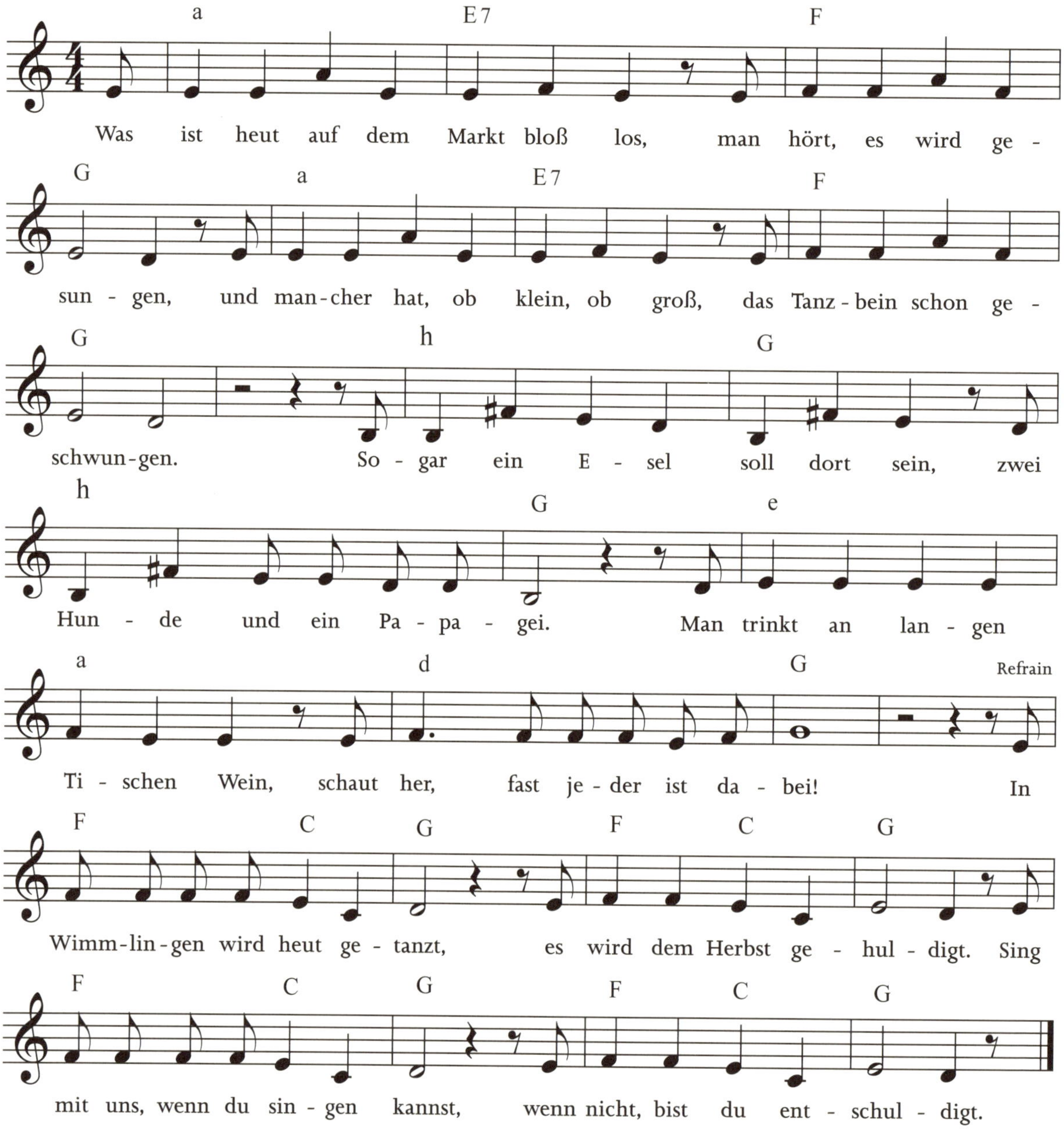

a E7 F
Was ist heut auf dem Markt bloß los, man hört, es wird ge -

G a E7 F
sun - gen, und man-cher hat, ob klein, ob groß, das Tanz - bein schon ge -

G h G
schwun-gen. So - gar ein E - sel soll dort sein, zwei

h G e
Hun - de und ein Pa - pa - gei. Man trinkt an lan - gen

a d G Refrain
Ti - schen Wein, schaut her, fast je - der ist da - bei! In

F C G F C G
Wimm-lin-gen wird heut ge - tanzt, es wird dem Herbst ge - hul - digt. Sing

F C G F C G
mit uns, wenn du sin - gen kannst, wenn nicht, bist du ent - schul - digt.

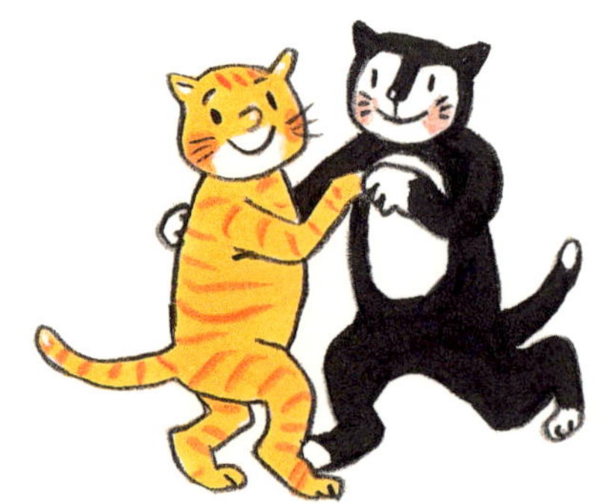

Was ist heut auf dem Markt bloß los,
man hört, es wird gesungen,
und mancher hat, ob klein, ob groß,
das Tanzbein schon geschwungen.

Sogar ein Esel soll dort sein,
zwei Hunde und ein Papagei.
Man trinkt an langen Tischen Wein,
schaut her, fast jeder ist dabei.

Refrain
In Wimmlingen wird heut getanzt,
es wird dem Herbst gehuldigt.
Sing mit uns, wenn du singen kannst,
wenn nicht, bist du entschuldigt.

Tom hat Susanne fest im Griff,
doch leider nicht den Hut.
Er fliegt ins Wasser mit 'nem Pfiff,
das tut dem Hut nicht gut.

Es tanzt beherzt ein junges Paar,
ein andres rockt und rollt.
Der Herbst, er kommt auch dieses Jahr,
ganz gleich, ob ihr es wollt.

Refrain

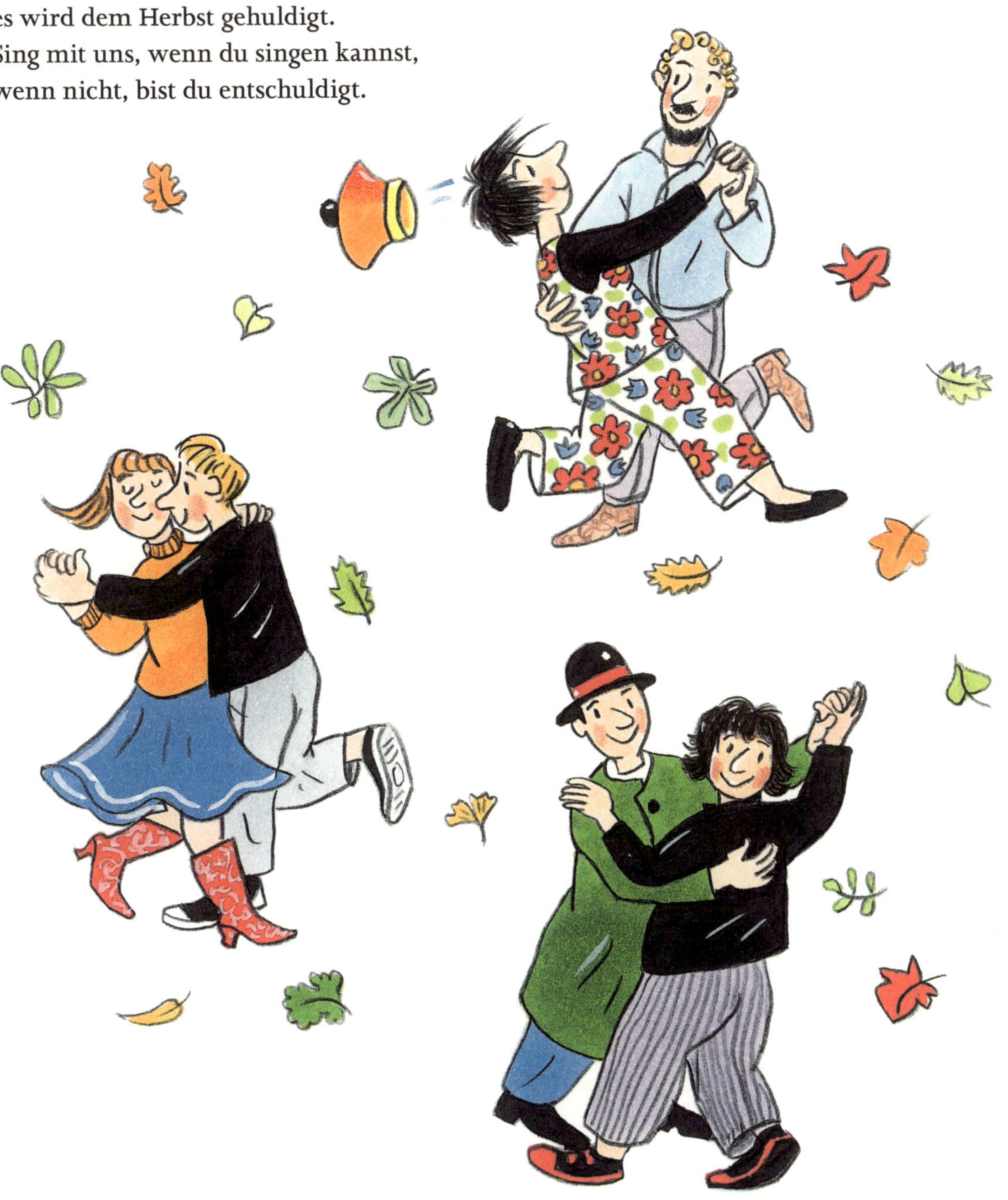

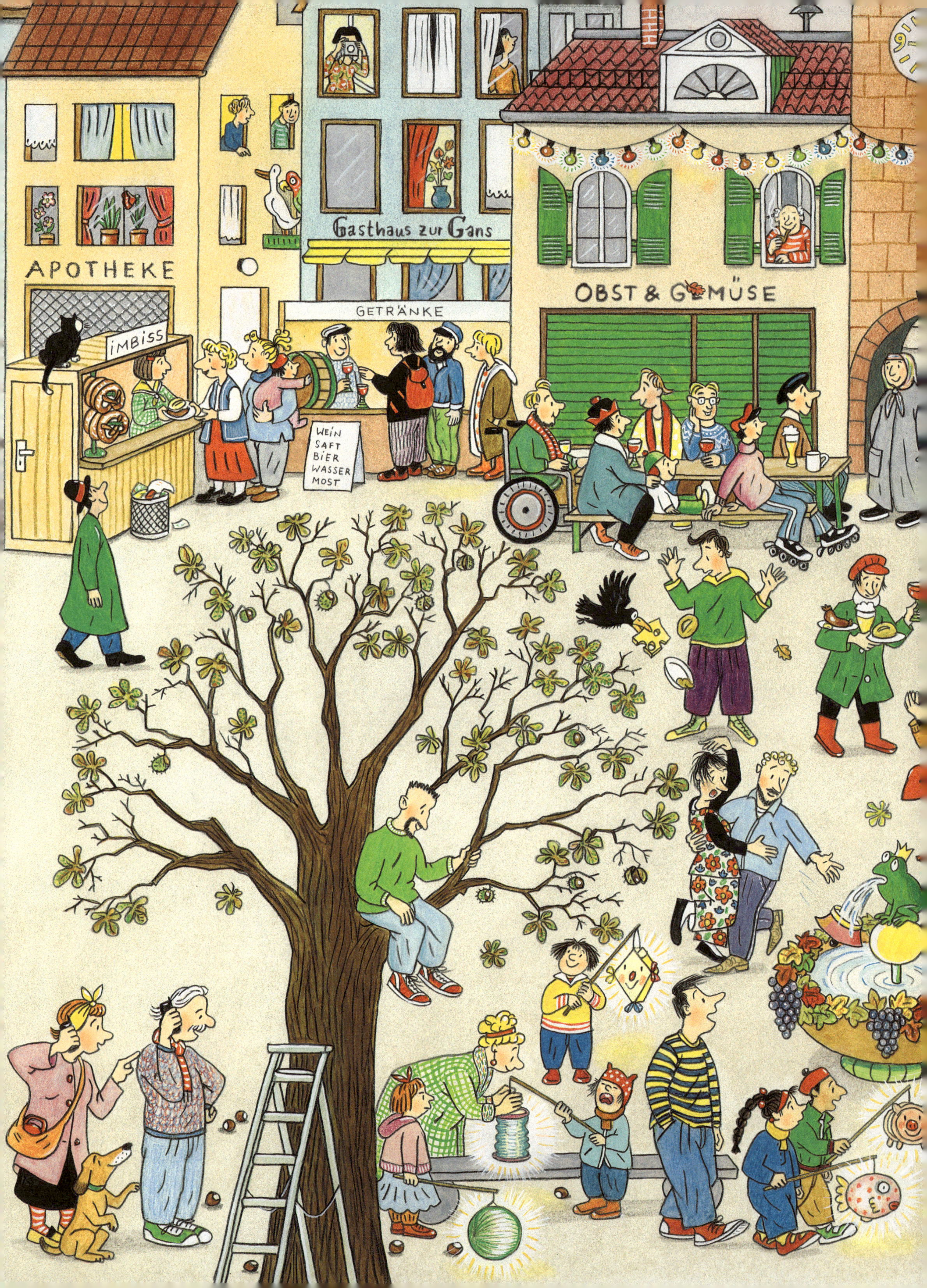
APOTHEKE
Gasthaus zur Gans
GETRÄNKE
IMBISS
OBST & GEMÜSE
WEIN
SAFT
BIER
WASSER
MOST

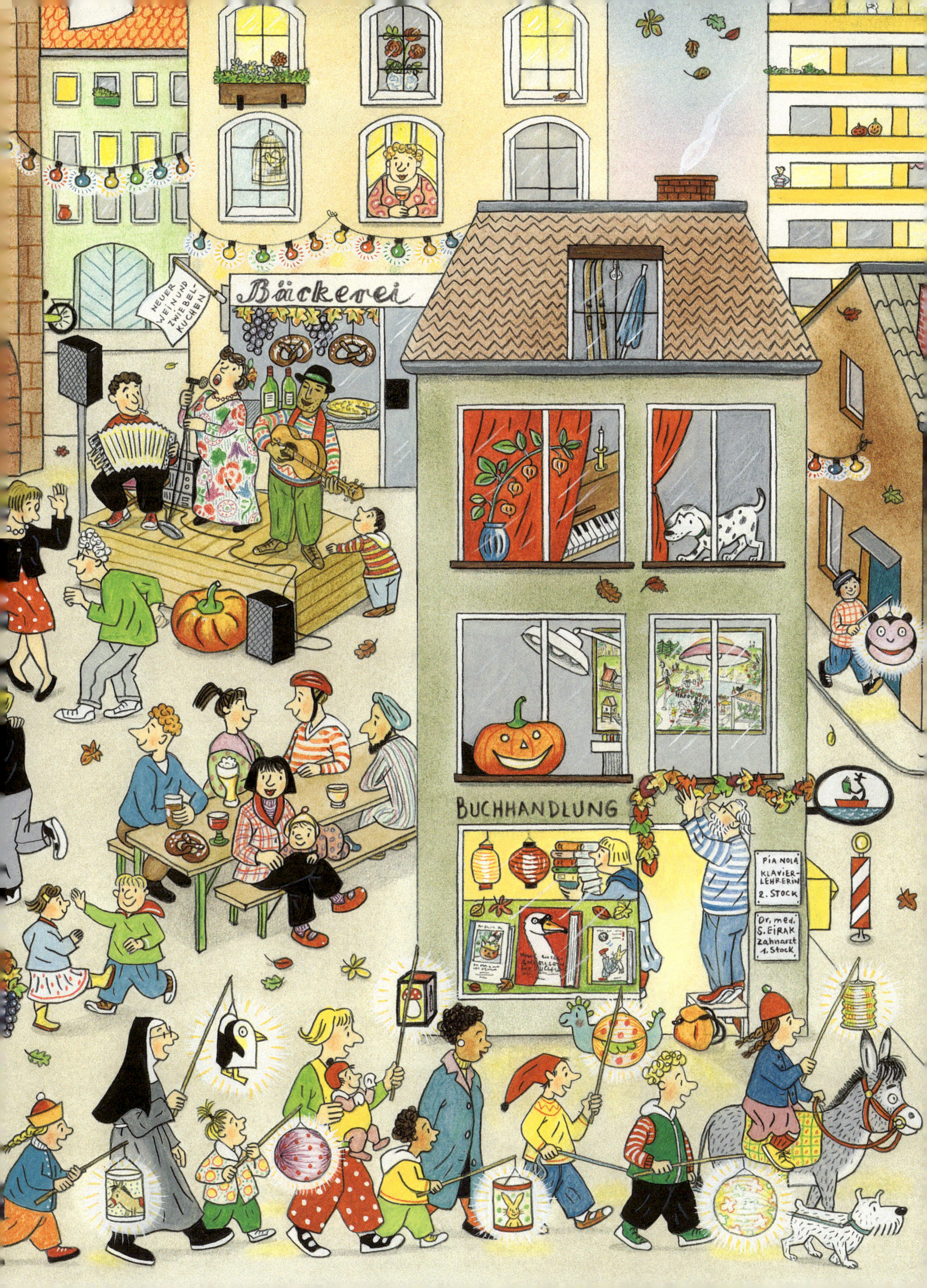
NEUER WEIN UND ZWIEBEL-KUCHEN
Bäckerei
BUCHHANDLUNG
PIA NOLA KLAVIER-LEHRERIN 2. STOCK
Dr. med. S. EIRAK Zahnarzt 1. Stock

Staubsauger-Duett

Lied für 2 Staubsauger und Gesang

Text und Musik: DP
Bearbeiter: Wolfgang von Henko, Ebi Naumann

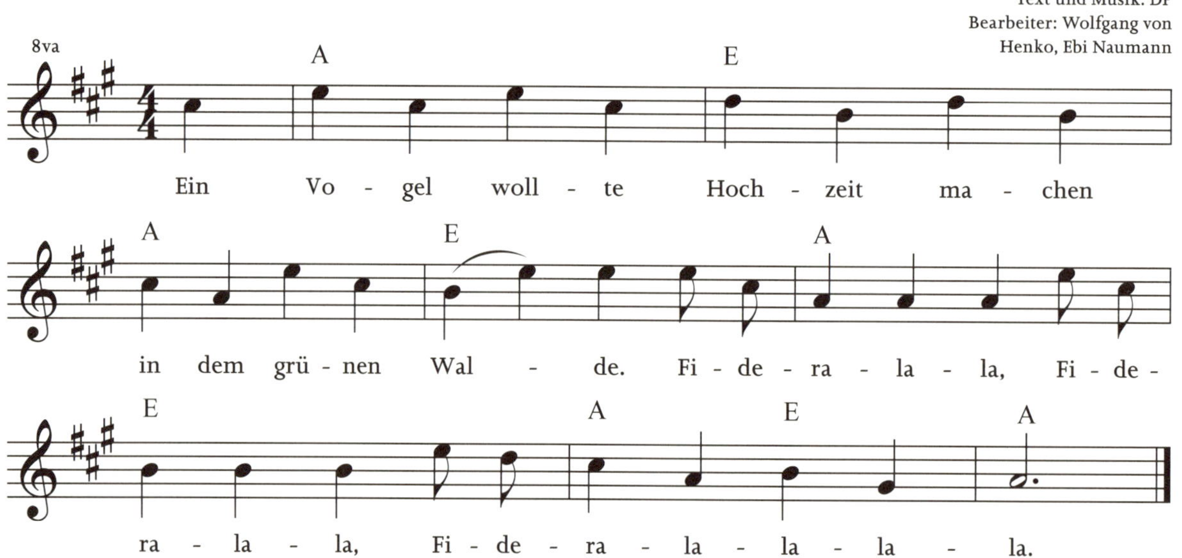

Putzfrau I
Ein Vogel wollte Hochzeit machen
in dem grünen Walde.

Refrain
Fideralala, Fideralala,
Fideralalalala.

Putzfrau II
Die Drossel war der Bräutigam,
die Amsel war die Braute.

Refrain

Putzfrau I & II
Die Spatzen, die Spatzen,
die fressen, bis sie platzen.

Refrain

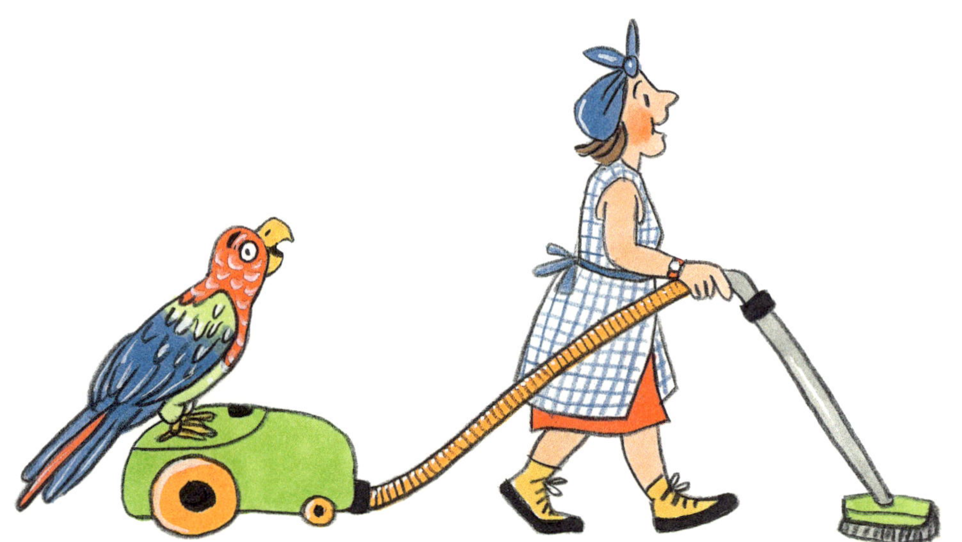

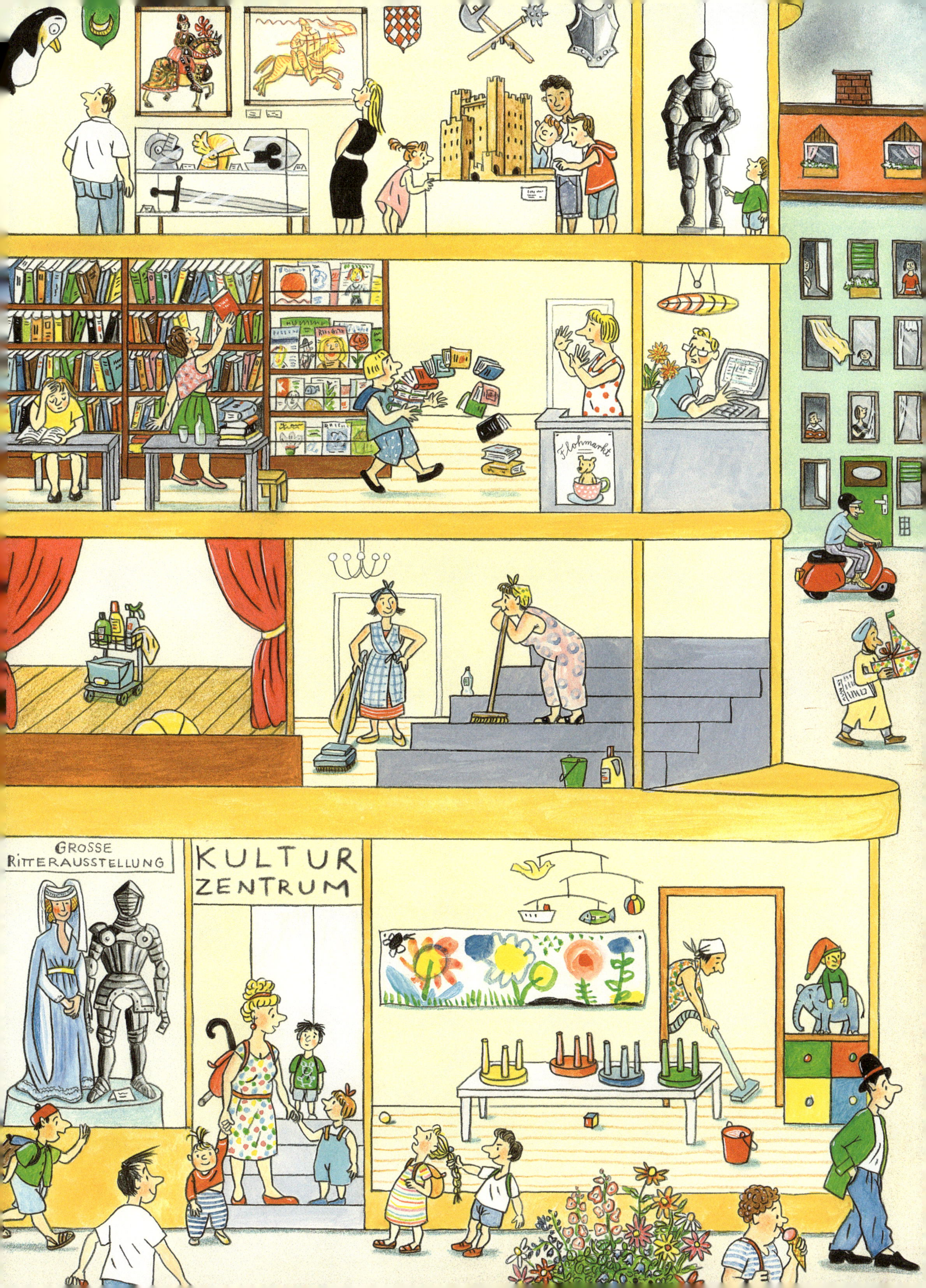
GROSSE RITTERAUSSTELLUNG
KULTUR ZENTRUM
Flohmarkt

Wimmlinger Herbstlied

Musik: Wolfgang von Henko
Text: Rotraut Susanne Berner, Ebi Naumann

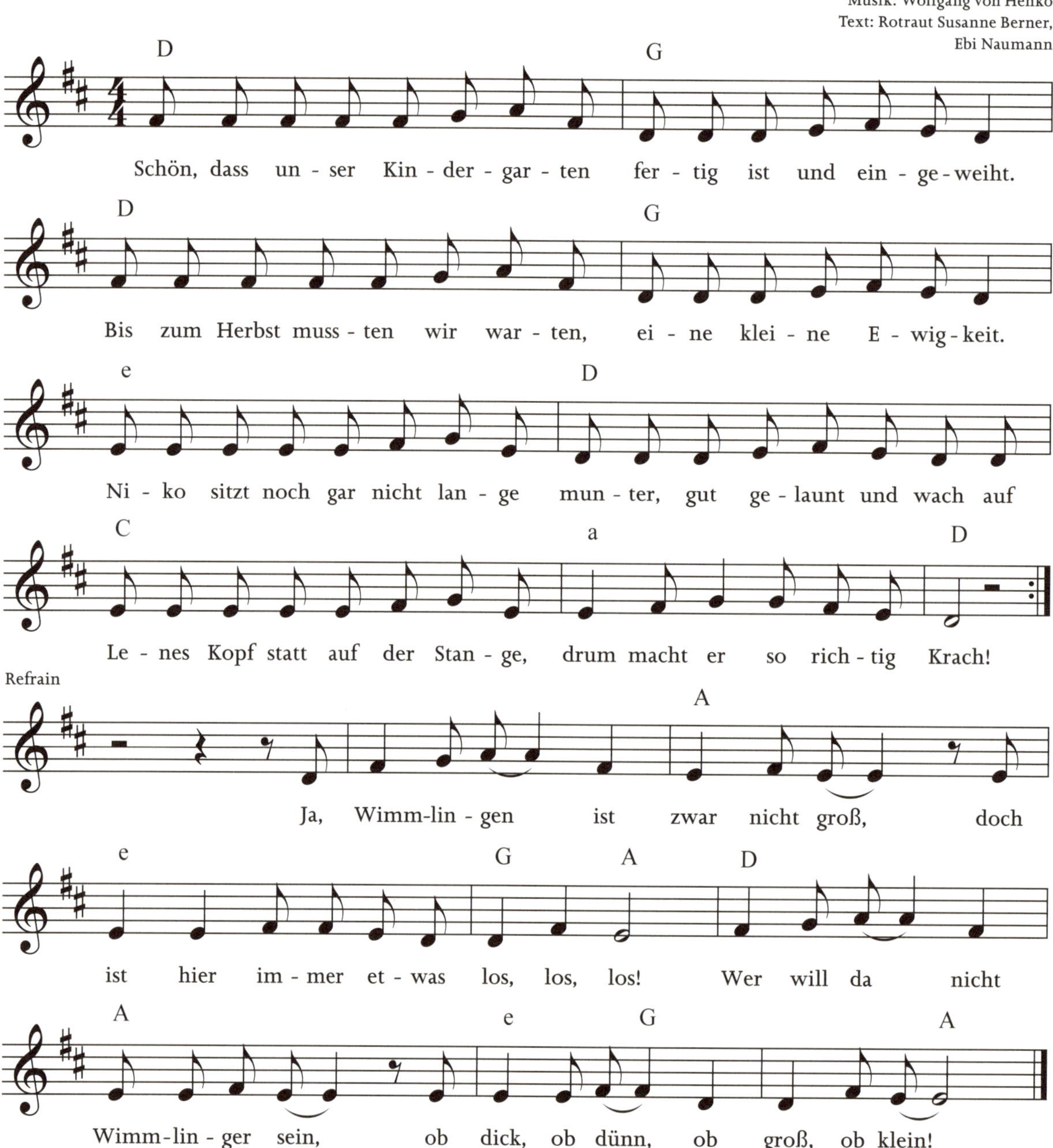

Schön, dass unser Kindergarten
fertig ist und eingeweiht.
Bis zum Herbst mussten wir warten,
eine kleine Ewigkeit.

Niko sitzt noch gar nicht lange
munter, gut gelaunt und wach
auf Lenes Kopf statt auf der Stange,
drum macht er so richtig Krach!

Weil Timmy klein ist und nicht groß,
sitzt er bei Ellen oben
und wünscht sich: „Ach, wär ich doch bloß
zu Haus und könnt dort toben."

Im Chor steht auch der Benedikt,
froh, glücklich und nicht einsam,
und wenn er nicht grad Blumen pflückt,
singt er mit uns gemeinsam.

Refrain
Ja, Wimmlingen ist zwar nicht groß,
doch ist hier immer etwas los, los, los!
Wer will da nicht Wimmlinger sein,
ob dick, ob dünn, ob groß, ob klein!

Von der ersten Morgensonne
bis der Tag dann geht zur Neige
spielt auch heute die Yvonne
im Chor die allererste Geige.

Wer wie Ludwig Noten kennt,
der hört nie auf zu swingen.
Er ist bei uns der Dirigent,
im Chor singt ganz Wimmlingen!

Refrain

Cicerone
Der Mond am Himmel ist heut voll,
die Nacht ist still und nur
die Monika singt laut in Moll
und Mingus leis in Dur.

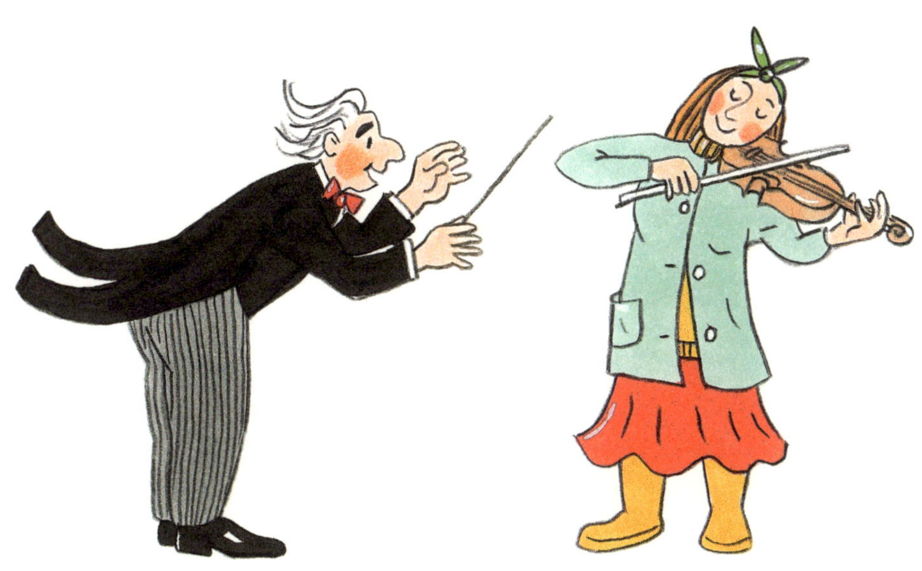

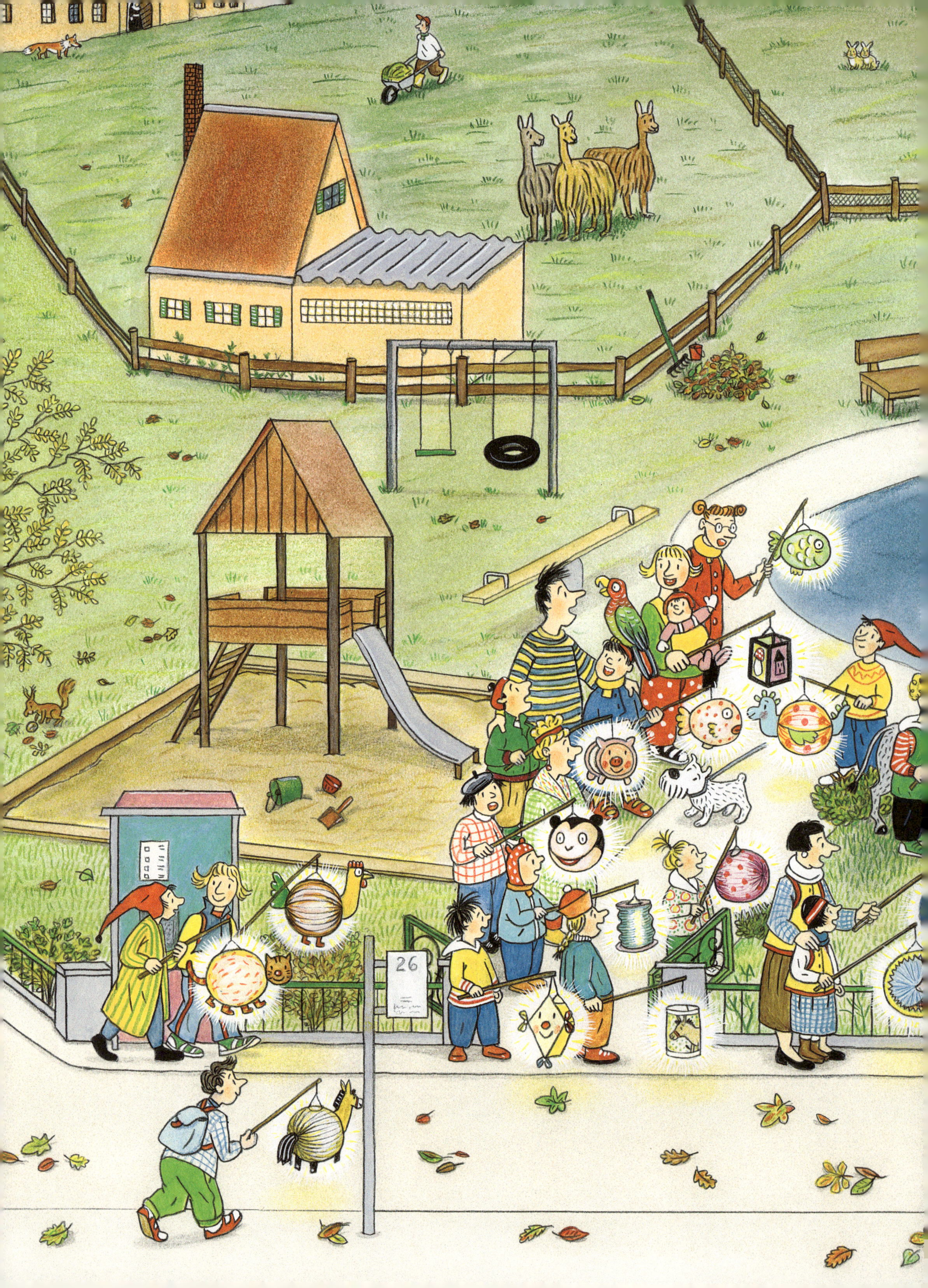
26

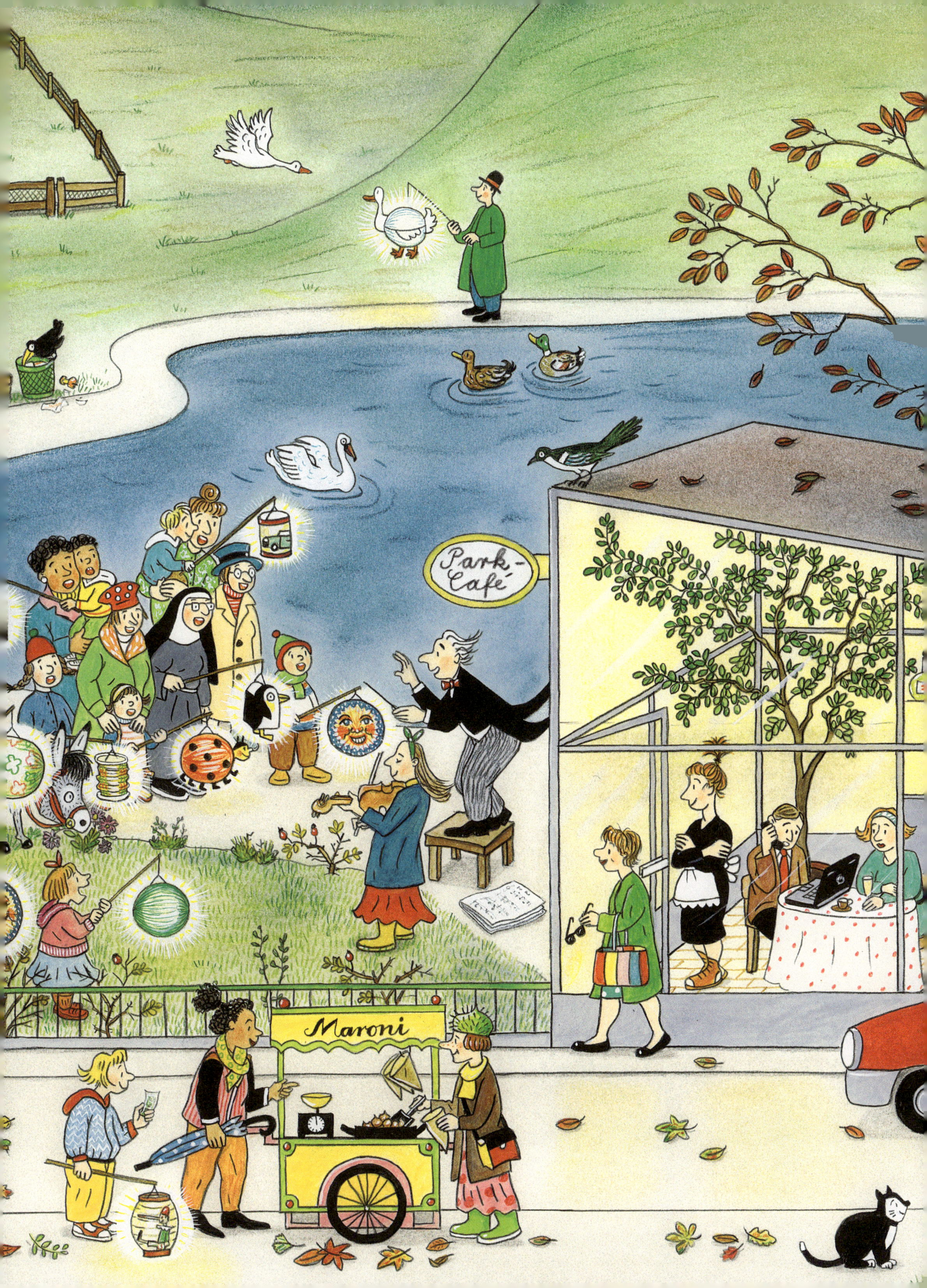
Park-Café
Maroni

Leuchte, Laterne, leuchte

Musik: Wolfgang von Henko
Text: Ebi Naumann

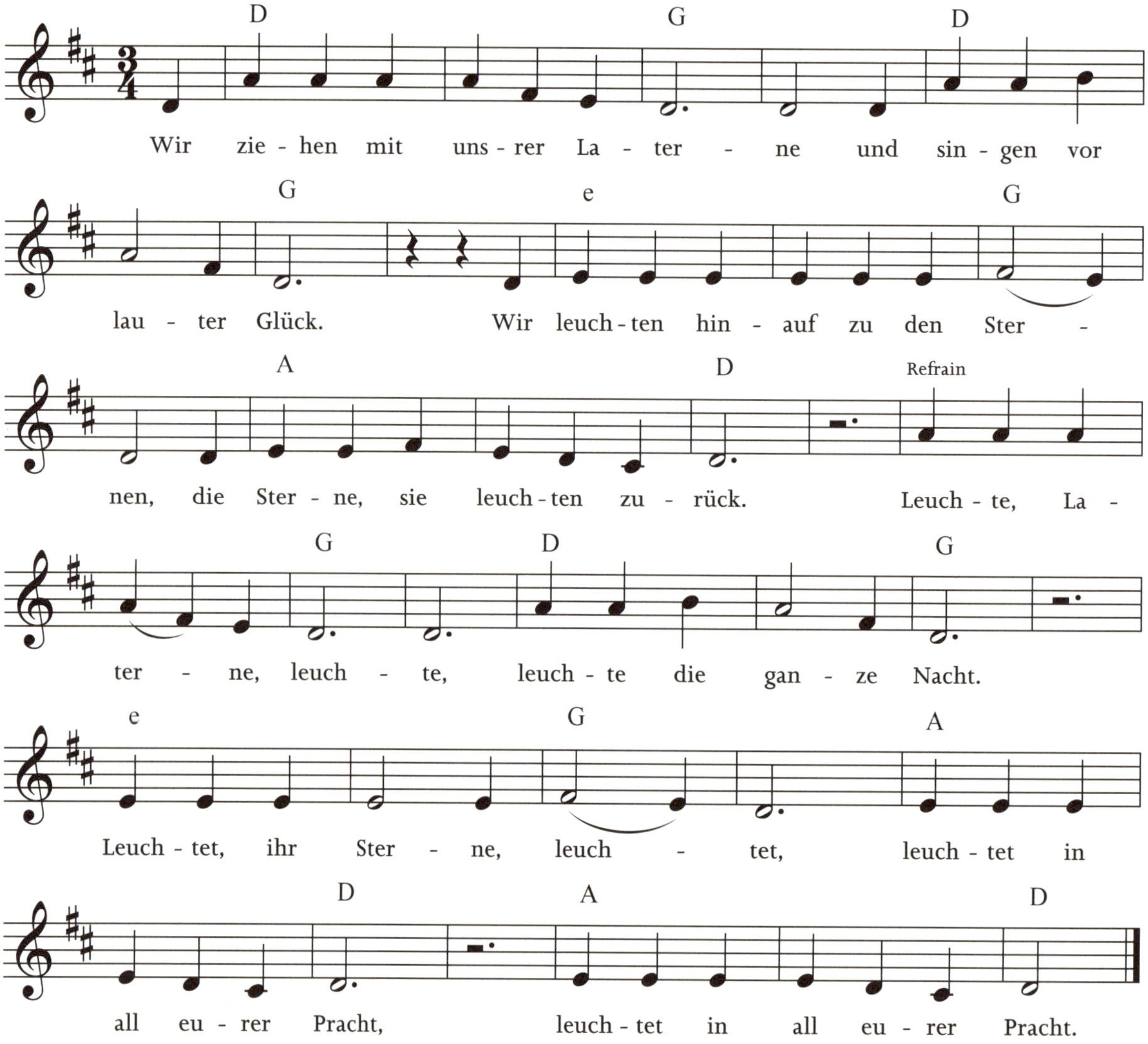

D G D
Wir zie - hen mit uns - rer La - ter - ne und sin - gen vor

G e G
lau - ter Glück. Wir leuch - ten hin - auf zu den Ster -

A D Refrain
nen, die Ster - ne, sie leuch - ten zu - rück. Leuch - te, La -

G D G
ter - ne, leuch - te, leuch - te die gan - ze Nacht.

e G A
Leuch - tet, ihr Ster - ne, leuch - tet, leuch - tet in

D A D
all eu - rer Pracht, leuch - tet in all eu - rer Pracht.

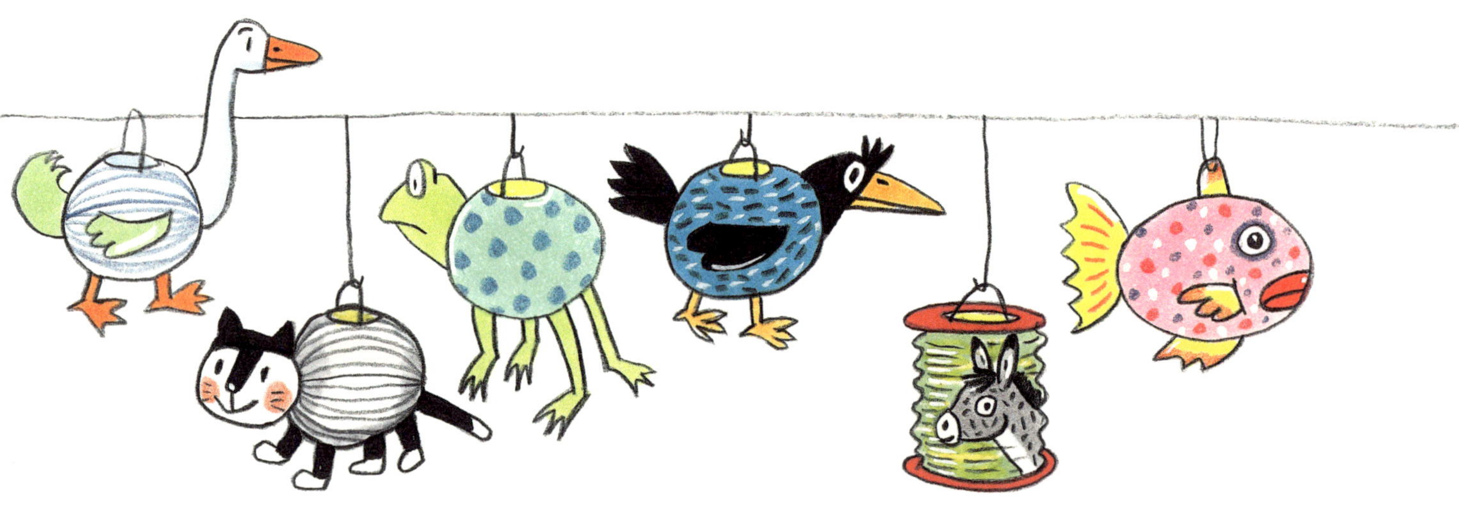

Wir ziehen mit unsrer Laterne
und singen vor lauter Glück.
Wir leuchten hinauf zu den Sternen,
die Sterne, sie leuchten zurück.

Refrain
Leuchte, Laterne, leuchte,
leuchte die ganze Nacht.
Leuchtet, ihr Sterne, leuchtet,
leuchtet in all eurer Pracht,
leuchtet in all eurer Pracht.

Um uns herum wird es dunkel,
dunkel das Himmelszelt.
Unter dem Sternengefunkel
tragen wir Licht in die Welt.

Refrain

Sind auch nur klein unsre Flammen,
jede für sich kaum zu sehn,
gehen wir alle zusammen,
leuchten sie so wunderschön.

Refrain

Und geht sie mal aus, die Laterne,
dann musst du nicht traurig sein.
Es leuchten zum Glück dir die Sterne,
sie lassen dich niemals allein.

Refrain

Gleich geh ich ins Bett, um zu träumen,
und schließ meine Augen zu.
Dann sehe ich über den Bäumen
die Sterne und find meine Ruh.

Refrain

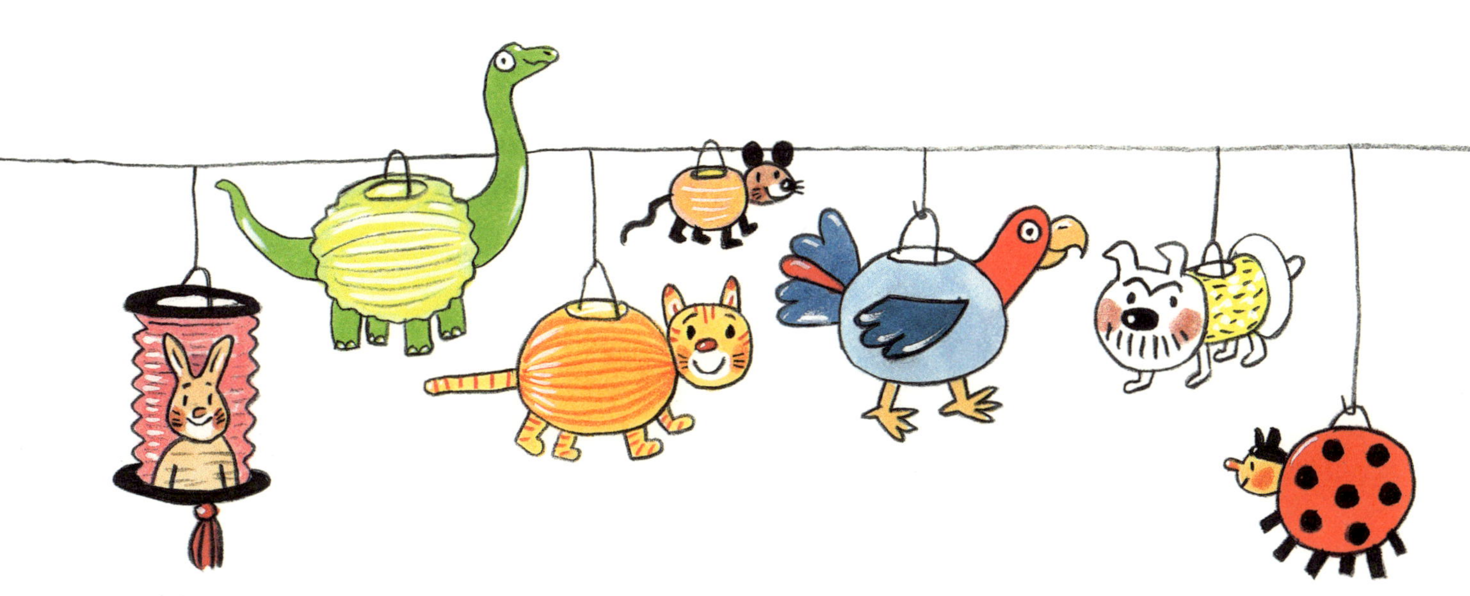

Miauli, miaula, miaulu

Lied für 2 Katzen und Gesang

Musik: Wolfgang von Henko
Text: Ebi Naumann

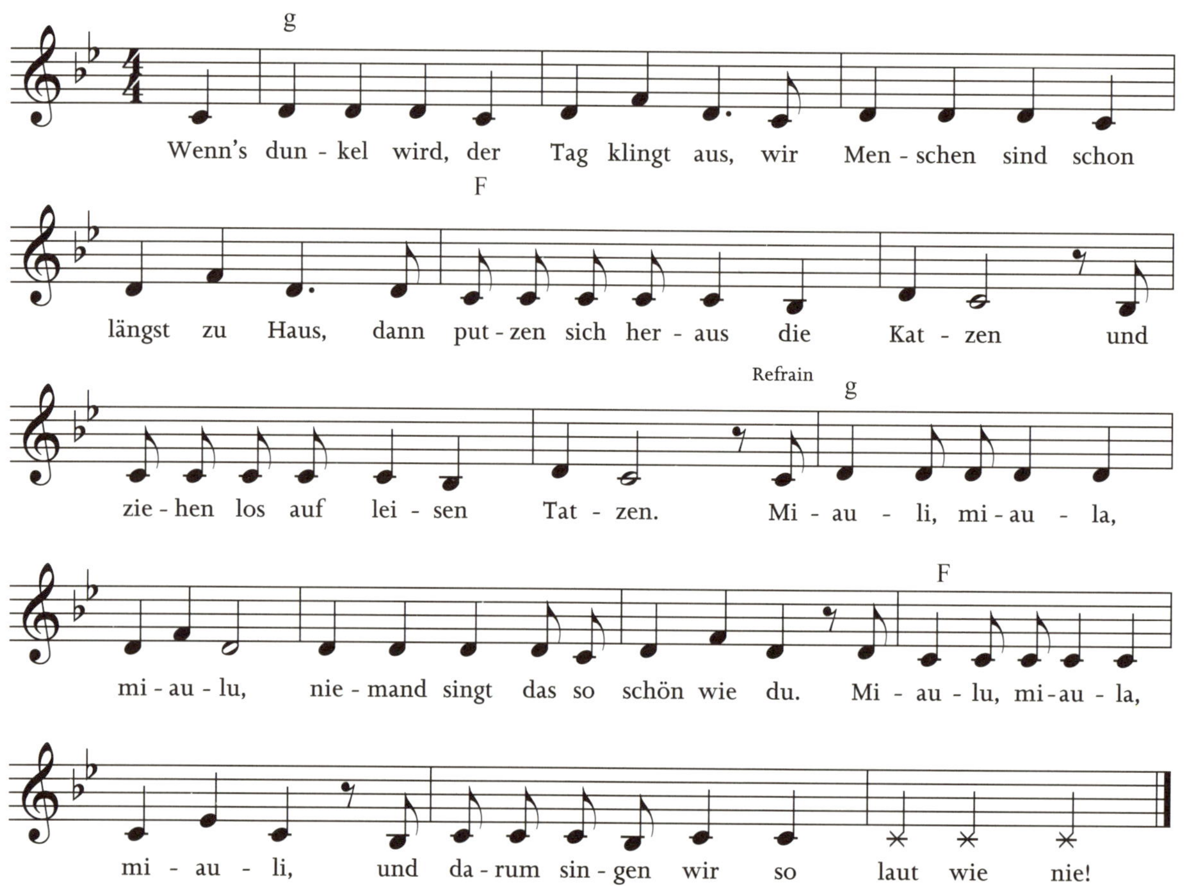

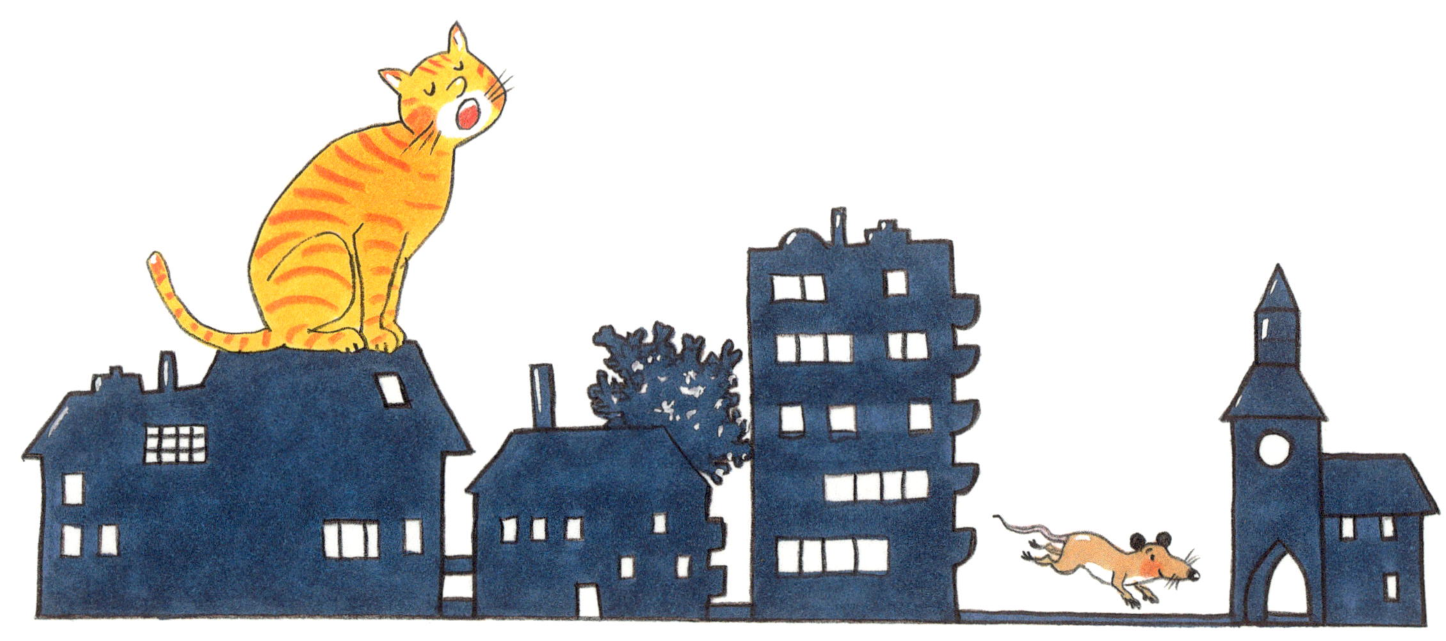

Wenn's dunkel wird, der Tag klingt aus,
wir Menschen sind schon längst zu Haus,
dann putzen sich heraus die Katzen
und ziehen los auf leisen Tatzen.

Refrain
Miauli, miaula, miaulu,
niemand singt das so schön wie du.
Miaulu, miaula, miauli,
und darum singen wir so laut wie nie!

Nicht ins Kino, ins Theater geht des
Nachts die Katz,
sie trifft sich mit dem Kater auf dem
Bahnhofsplatz.
Dort wollen sie vor allen Dingen
einfach nur zusammen singen.

Refrain

Und hältst du unser Lied bloß für
Katzenjammer,
schließ das Fenster, bleib in deiner
Kammer.
Lasse uns in Ruh mit dem Gemaule.
Nenn doch unser Singen ruhig Gejaule.

Refrain

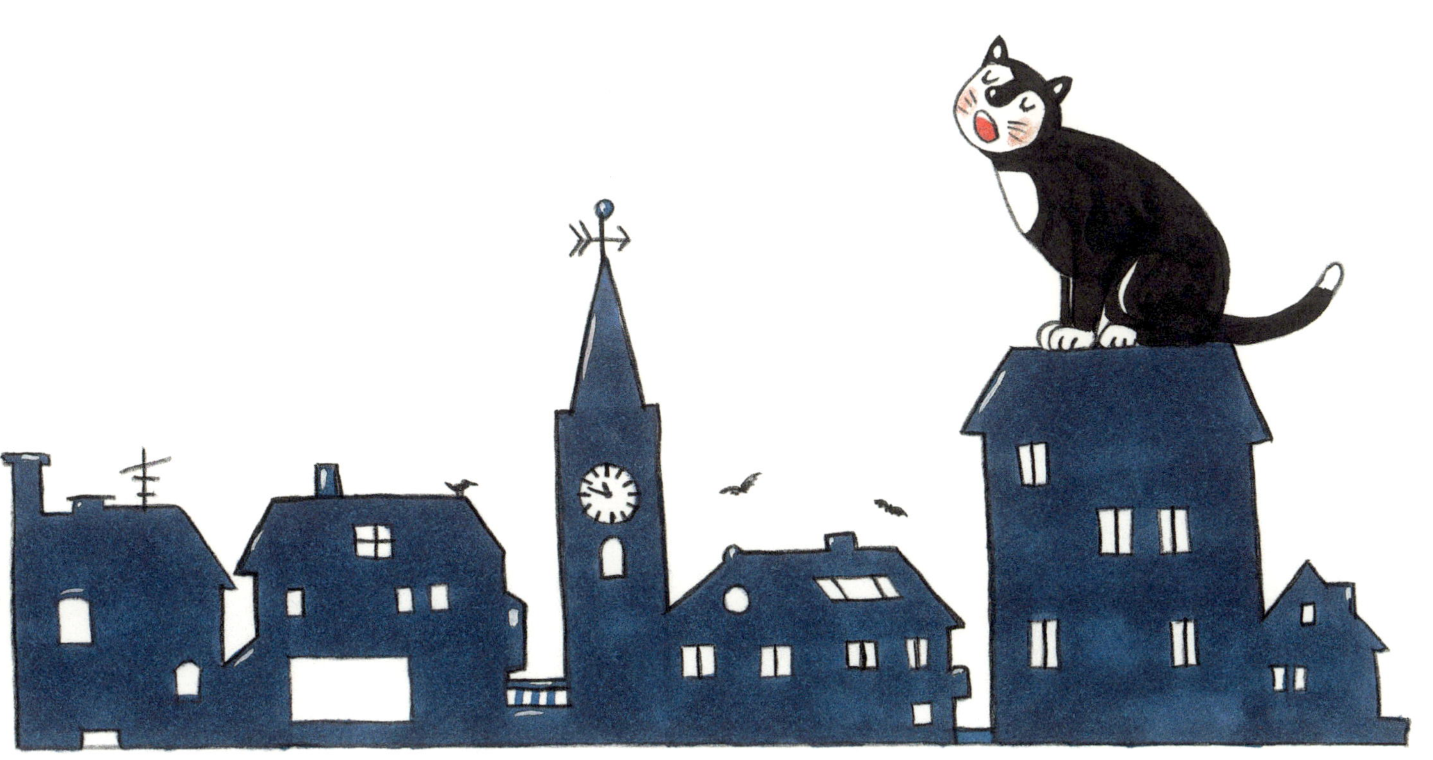

Wimmellieder Abschiedssong

Musik: Wolfgang von Henko
Text: Ebi Naumann

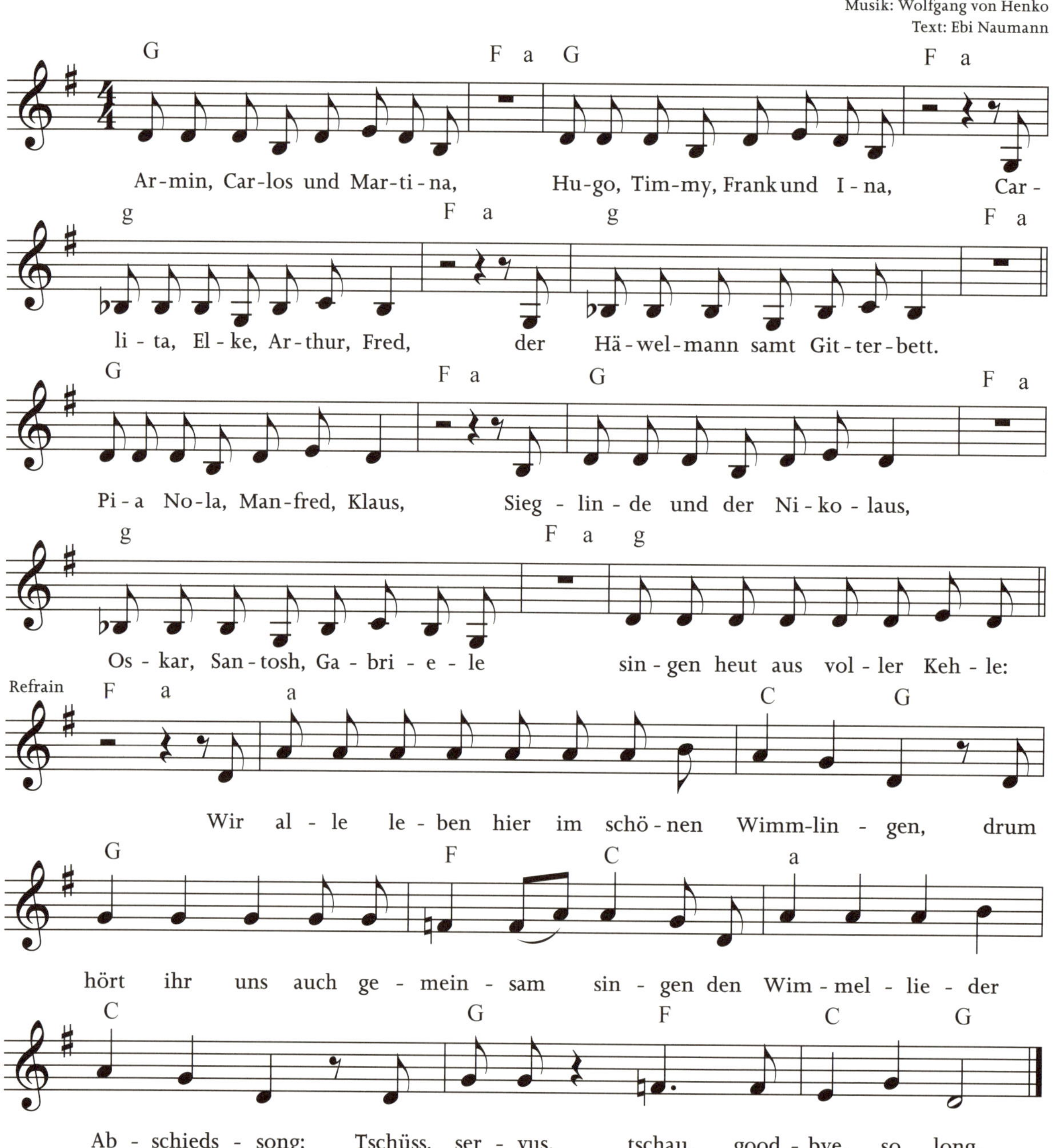

Armin, Carlos und Martina,
Hugo, Timmy, Frank und Ina,
Carlita, Elke, Arthur, Fred,
der Häwelmann samt Gitterbett.

Pia Nola, Manfred, Klaus,
Sieglinde und der Nikolaus,
Oskar, Santosh, Gabriele
singen heut aus voller Kehle:

Refrain
Wir alle leben hier im schönen
Wimmlingen,
drum hört ihr uns auch gemeinsam singen
den Wimmellieder Abschiedssong:
Tschüss, servus, tschau, goodbye, so long.

Sigrid, Pedro, Silvia,
Linus und sein Herr Papa,
Lene und ihr Papagei,
auch Tom und Irma sind dabei.

Kathrin, Jonas, Monika,
Käpt'n Schellfisch mit Trara,
Kater Mingus und Annette,
Martha, Friedrich – jede Wette.

Benedikt und Cicerone,
Petra (mit Buch), Daniela ohne.
Der Mann im Rollstuhl und Begleiter,
Peter, Struppi und der Reiter.

Refrain

Andrea und Angelika,
auch Dr. Eirak ist schon da.
Susanne, Thomas und Yvonne –
bloß Lenzo kläfft und läuft davon.

Giovanni, Lotte und ein Dieb,
Eva ihrem Klaus zulieb',
Karlchen, Ellen, der Friseur,
Schluss und aus – mehr gibt's nicht mehr!

Ah, doch – ich hab was vergessen:

Hertha, Dietrich, Johnny, Carmen,
Barbara auf Tanjas Armen,
Andi, Ludwig, Jacques, Frau Schmidt,
sogar die Tiere singen mit.

Refrain

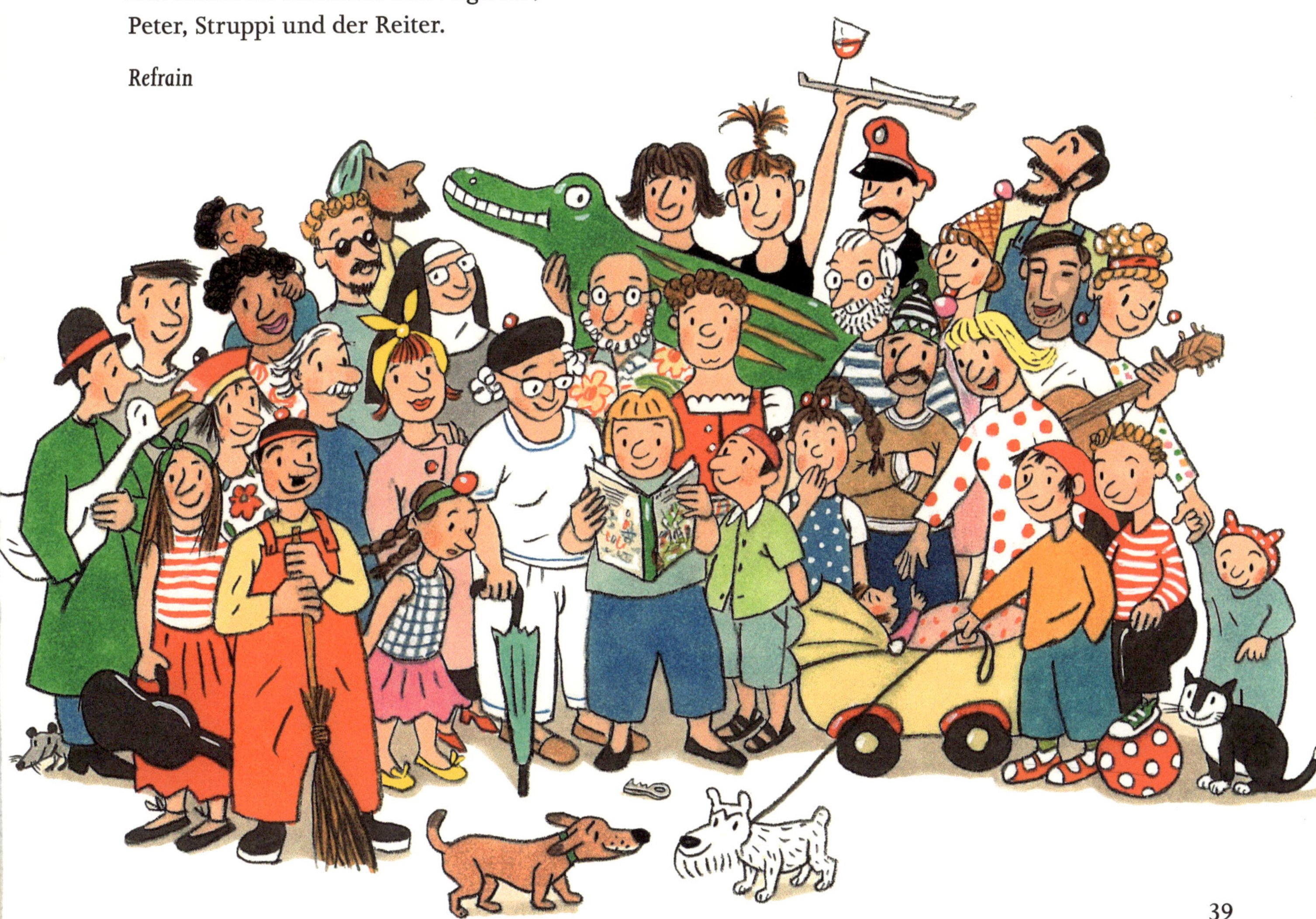

Und hier wohnen die Wimmlinger ...

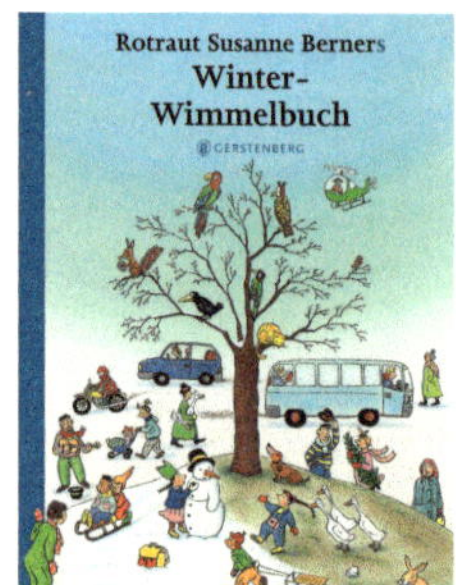

ISBN 978-3-8369-5033-6

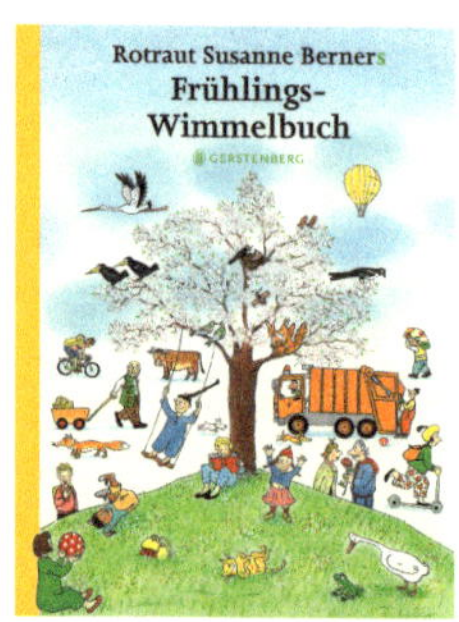

ISBN 978-3-8369-5057-2

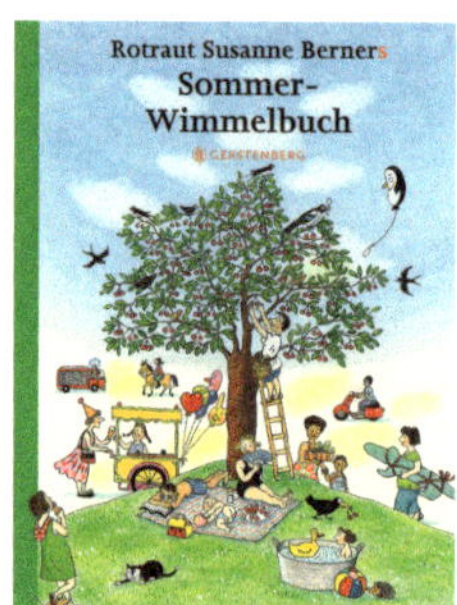

ISBN 978-3-8369-5082-4

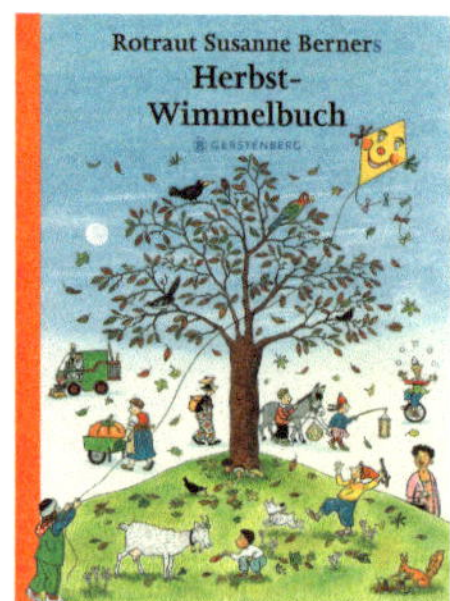

ISBN 978-3-8369-5101-2

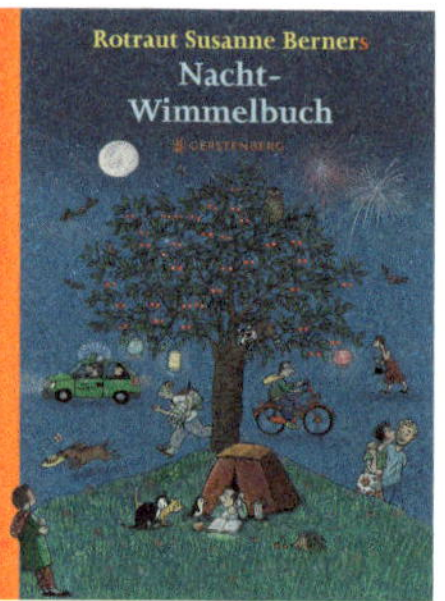

ISBN 978-3-8369-5199-9

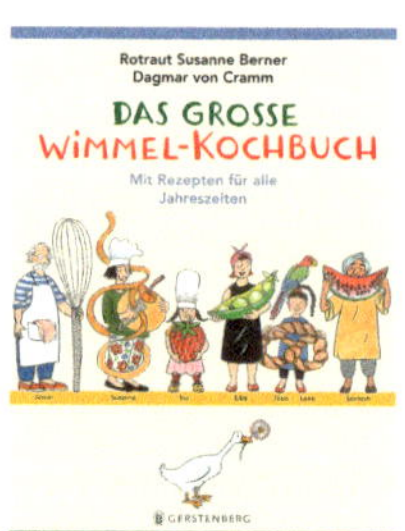

ISBN 978-3-8369-5726-7

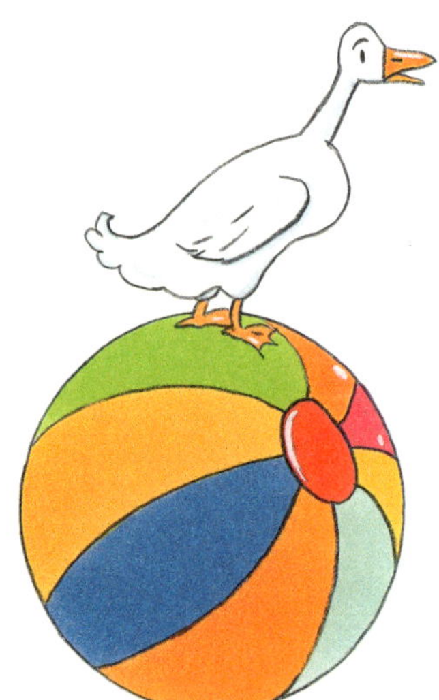